43

Recuperação Empresarial
NOVA LEI DE FALÊNCIAS E NOVO DIREITO PENAL FALIMENTAR

O16r   Ochoa, Roberto Ozelame
        Recuperação empresarial: nova lei de falências e novo Direito Penal Falimentar/Roberto Ozelame Ochoa, Amadeu de Almeida Weinmann. – Porto Alegre: Livraria do Advogado Ed., 2006.
        186 p.; 23 cm.
        ISBN 85-7348-415-2

        1. Falência. 2. Direito falimentar. 3. Processo falimentar. 4. Crime falimentar. I. Weinmann, Amadeu de Almeida. II. Título.

                        CDU - 347.736

        Índices para o catálogo sistemático:
        Falência
        Direito falimentar
        Processo falimentar
        Crime falimentar

        (Bibliotecária responsável: Marta Roberto, CRB-10/652)

Roberto Ozelame Ochoa
Amadeu de Almeida Weinmann

Recuperação Empresarial
NOVA LEI DE FALÊNCIAS E NOVO DIREITO PENAL FALIMENTAR

Porto Alegre, 2006

©
Roberto Ozelame Ochoa
Amadeu de Almeida Weinmann
2006

Revisão de
Rosane Marques Borba

Capa, projeto gráfico e diagramação de
Livraria do Advogado Editora

Direitos desta edição reservados por
Livraria do Advogado Editora Ltda.
Rua Riachuelo, 1338
90010-273 Porto Alegre RS
Fone/fax: 0800-51-7522
editora@livrariadoadvogado.com.br
www.doadvogado.com.br

Impresso no Brasil / Printed in Brazil

A meu pai, José Oliveira Ochoa (*in memoriam*), que viveu e ensinou a virtude sem a qual nenhuma das outras frutifica: A CORAGEM MORAL

A Marlene, Roberto, Davi, Péricles, Ely e Renato, com amor e gratidão.

Sumário

Apresentação 13

1ª Parte
A NOVA LEI DE FALÊNCIAS

Capítulo I – Disposições Preliminares (artigos 1º a 4º) 17
1. Instrumentos jurídico-processuais aplicáveis à crise econômico-financeira empresarial, regulados pela Lei 11.101/2005 17
2. Aplicabilidade residual da Lei 11.101/2005 aos entes empresariais privados 19
3. Formas societárias aplicáveis à sociedade empresária 20
4. Empresário ou produtor rural 21
5. Entes excluídos do regramento da Lei 11.101/2005 21
   5.1. Sociedades simples e sociedades não-personificadas 21
   5.2. Sociedades de economia mista e empresas públicas 21
   5.3. Instituições mencionadas no inciso II do artigo 2º 21
6. Foro de processamento da recuperação judicial ou falência 22

Capítulo II – Disposições Comuns à Recuperação Judicial e à Falência
Seção I – Disposições Gerais (artigos 5º e 6º) 223
7. Créditos pré-excluídos 23
8. Obrigações a título gratuito 23
9. Despesas e honorários advocatícios 23
10. Exigibilidade das multas pecuniárias 25
11. Suspensão do curso do prazo prescricional das obrigações 25
12. Da suspensão da tramitação das ações e execuções em que os credores demandem quantia líquida 26
13. Do prosseguimento das execuções com data de leilão ou praça já designada 27
14. Das ações que não se suspendem 27
    14.1. Ações por quantia ilíquida 27
    14.2. Ações por obrigações de fazer ou não-fazer, ou prestação de fato ou coisa 27
    14.3. Outras exceções expressas da Lei 11.101/2005 28
15. Dos coobrigados cambiários 29
16. Fiança civil e locatícia 29
17. Falência e execução fiscal 29
18. Recuperação judicial e execução fiscal 31
19. Da ação e da execução trabalhista 31
20. Participação do reclamante trabalhista e do credor trabalhista retardatário na assembléia geral 33
21. Fim do prazo de suspensão na recuperação judicial 34

Seção II – Da Verificação e da Habilitação de Créditos (artigos 7º a 19) 35
22. Arrolamento dos credores 35
23. Obrigação do devedor relacionar os credores 35
24. Publicidade das relações de credores 36
25. Consolidação e publicação do Quadro Geral de Credores 36
26. Verificação dos créditos 36
27. Das habilitações tempestivas 37
28. Das habilitações retardatárias 38
29. Efeitos da contumácia do credor 38
30. Das impugnações 38
31. Do procedimento das impugnações 39
32. Do julgamento das impugnações 39
33. Prazo para conclusão dos procedimentos da verificação de créditos na recuperação judicial 41
34. Mudança de enfoque da nova lei 41
35. Ação rescisória especial falencial 42

Seção III – Do Administrador Judicial e do Comitê de Credores (artigos 21 a 34) 44
36. Do administrador judicial 44
37. Do Comitê de Credores 46
38. Impedimentos para nomeação às funções de administrador e integrante do Comitê 48
39. Remuneração 48
40. Reembolso de despesas dos integrantes do comitê 48
41. Extraconcursalidade da remuneração e despesas 49
42. Destituição e substituição do administrador 49
43. Das atribuições do Comitê de Credores 50
44. Responsabilidades dos órgãos da falência ou processo de recuperação judicial 51

Seção IV – Da Assembléia-Geral de Credores (artigos 35 a 46) 52
45. *Quorum* de funcionamento 52
46. Convocação 53
47. Presidência e composição da mesa 54
48. Representação dos credores 54
49. Proporcionalidade do voto 55
50. Composição da assembléia e redução dos direitos políticos do crédito trabalhista 55
51. Restrição aos direitos políticos de sócios, parentes do devedor, empresas coligadas e outras 57
52. Quorum de votação ou deliberação 58
  52.1. *Quorum* especial de aprovação do plano de recuperação ... 58
  52.2. *Quorum* para escolha de representantes no Comitê de Credores 59
  52.3. *Quorum* qualificado para aprovação de forma alternativa de realização do ativo na falência, prevista no artigo 145 59
53. Invalidação das deliberações assembleares e responsabilidade dos credores 59

Capítulo III – Da Recuperação Judicial
Seção I – Disposições Gerais (artigos 47 a 50) 62
54. Objetivos da recuperação judicial 62
55. Requisitos para impetração do pedido 63

56. Legitimidade ativa supletiva 65
57. Efeitos da recuperação judicial quanto às obrigações do devedor – Créditos sujeitos à recuperação 65
58. Credores excluídos dos efeitos da recuperação judicial 66
    58.1. Exceção do § 1º do artigo 49 66
    58.2. Exceções do artigo 49, § 3º 67
        58.2.1. O proprietário fiduciário de bens móveis ou imóveis 67
        58.2.2. O arrendador mercantil 67
        58.2.3. O proprietário ou promitente vendedor de imóvel cujos respectivos contratos contenham cláusula de irrevogabilidade ou irretratabilidade, inclusive em incorporações imobiliárias 68
        58.2.4. O proprietário em contrato de venda com reserva de domínio ainda utilizado na aquisição em prestações de bens de produção e até automóveis. 68
59. Restituições dos Adiantamentos de contrato de câmbio de exportação ... 69
60. Meios de recuperação judicial – Rol meramente enunciativo 71

Seção II – Do Pedido e do Processamento da Recuperação Judicial (artigos 51 e 52) 80
61. Procedimentos iniciais da recuperação 80
62. Livros contábeis 82
63. Demonstrativos mensais 82
64. Dispensa das certidões negativas (exceto as fiscais) 82
65. Desistência do pedido de recuperação 83
66. Inépcia da inicial ou ausência de documentos obrigatórios para instrução do pedido 83

Seção III – Do Plano de Recuperação Judicial (Artigos 53 e 54) 84
67. Prazo para apresentação do plano de recuperação (artigo 53) 84
68. Instituição da concordata trabalhista 84
69. Retrocesso social 85

Seção IV – Do Procedimento de Recuperação Judicial (artigos 55 a 69) 86
70. Forma de manifestação de inconformidade dos credores com o plano de recuperação do devedor 86
71. Prazo para objetar ao plano de recuperação 86
72. Aprovação do plano de recuperação 88
73. Efeitos da rejeição do plano de recuperação 88
74. Momento da apresentação das negativas fiscais 89
75. Aprovação do plano e concessão da recuperação judicial 91
76. Efeitos jurídicos da concessão da recuperação sobre os débitos preexistentes . 92
77. Constituição de título executivo judicial 92
78. Efeitos da sentença concessiva sobre os débitos que venham a ser contraídos durante o processamento da recuperação 93
79. Administração da empresa durante a recuperação 94
80. Escolha do gestor quando da destituição do empresário das funções administrativas da empresa em recuperação 94
81. Anotação à margem da denominação empresarial 95
82. Alienação judicial de filiais e unidades produtivas. Problemática da sucessão tributária e da inscrição de ônus e gravames anteriores 95
83. Cumprimento da recuperação judicial 97

84. Efeitos da sentença declaratória de encerramento da recuperação judicial quanto aos créditos ainda não integralmente adimplidos 98
85. Indisponibilidade dos bens do devedor em recuperação 99
86. Registro Contábil do patrimônio de afetação 99
87. Indisponibilidade dos bens particulares dos sócios e gestores 100
88. Parcelamento tributário especial para as empresas em recuperação 100

Seção V – Do Plano de Recuperação Judicial para Microempresas e Empresas de Pequeno Porte (artigos 70 a 72) 102
89. Microempresa 102
90. Empresa de Pequeno Porte 102
91. Vantagens e desvantagens comparativamente ao instituto da concordata preventiva – Procedimentos 102

Capítulo IV – Da Convolação da Recuperação Judicial em Falência (artigos 73 e 74) 104
92. Falência incidente 104
93. Convolação da recuperação judicial em falência por ato de ofício ou mediante provocação 104
94. Não-invalidação dos atos praticados 105
95. Esvaziamento das ações declaratórias de ineficácia ou revocatórias dos atos do devedor 105

Capítulo V – Da Falência (Visão sucinta das principais alterações: artigos 75, 83 e seguintes, 94 e seguintes, e 139) 108
96. Disposições Gerais – Objetivos da intervenção Judicial e expropriação na falência – Breve histórico da reforma legislativa 108
97. Da Classificação dos Créditos 112
98. Das alterações do Código Tributário Nacional 113
99. Dos créditos extraconcursais 114
100. Dos rateios 116
101. Casos omissos 116
102. Do Procedimento para a Decretação da Falência – Das presunções de insolvência 118
103. Atos de falência 119
104. Hipóteses de não-configuração de ato de falência 120
105. Valor mínimo 121
106. Prática processual 121
107. Prazo para contestação ou elisão do pedido de falência 122
108. Da recuperação judicial incidente à falência 122
109. Meio recursal 123
110. Termo legal – Período suspeito – Ação revogatória – Ação de responsabilidade dos sócios 123
111. Ritos especiais – Abolição 125

Seção VI – Da Falência Requerida pelo Próprio Devedor (artigos 105 a 107) . 127
112. Natureza jurídica da auto-falência na legislação anterior e modificação da Lei 11.101/2005 127
113. Finalidade da manutenção do instituto 127

Capítulo VI – Da Recuperação Extrajudicial (artigos 161 a 167) 129
114. A "convocação de credores" como ato de falência, no Decreto-Lei 7.661/45 . 129
115. Precedentes no Direito brasileiro 130

116. O Imperador e o Rei 130
117. Reintrodução do acordo extrajudicial no Direito brasileiro 131
118. Limitações ao direito de negociação em processos de recuperação extrajudicial – Exclusão dos Créditos tributários e trabalhistas 131
119. Outras limitações ao plano de recuperação 133
120. Características da recuperação extrajudicial 134
121. Ausência de efeito suspensivo 135
122. Procedimento para homologação judicial do plano de recuperação extrajudicial... 135
123. Julgamento das impugnações 136
124. Indeferimento do pedido por vício de representação 136
125. Conseqüências da prova de simulação de créditos pelo devedor 137
126. Do recurso cabível da sentença que defere ou indefere a recuperação extrajudicial 138
127. Título executivo judicial 138
128. Efeitos jurídicos da não-homologação do plano de recuperação extrajudicial... 138
129. Admissão de outras modalidades de transação entre devedor e credores . 139

Capítulo VIII – Disposições Finais e Transitórias (artigos 189, 192 e 201) ... 140
130. Aplicação subsidiária do Código de Processo Civil 140
131. Efeitos da ultratividade do Decreto Lei 7.661/45 aos processos ajuizados anteriormente ao início de vigência da nova lei de falências 140

2ª Parte
DAS PENALIZAÇÕES

Dos Crimes Falimentares 145
1. Considerações Gerais 145
2. Da Tipologia Penal...................................... 147
3. A Adequação Típica 148
4. Da Co-Autoria e Participação – Conceito de Concurso de Pessoas 151
5. As Teorias Pluralística, Dualista e Monista 152
6. Teoria monista 153
7. Autoria e Participação 154
8. Do Sujeito Ativo no Crime Falimentar 156
9. Da Multiplicidade de Autores 156
10. Das Provas 158
11. Da Suspensão Condicional do Processo 160
12. Da Prescrição nos Crimes Falimentares....................... 160
13. O Ministério Público na Lei Falimentar...................... 161
14. Da Competência e da Jurisdição 163
15. Dos Crimes Falimentares em Concreto 163
16. O Princípio da Insignificância no Crime Falimentar 164
17. Da Tentativa 165
18. Da Irretroatividade da Lei Falimentar – *Novatio Legis In Pejus* 167

Dos crimes em espécie..................................... 169
19. Fraudes a Credores 169
20. Do Aumento de Pena.................................... 170
21. Da Contabilidade Paralela................................ 171

22. Concurso de Pessoas 171
23. Redução ou Substituição da Pena 172
24. Violação de Sigilo Empresarial 172
25. Divulgação de Informações Falsas 172
26. Indução a Erro 173
27. Favorecimento de Credores 173
28. Desvio, Ocultação ou Apropriação de Bens 174
29. Aquisição, Recebimento ou Uso Ilegal de Bens 175
30. Habilitação Ilegal de Crédito 175
31. Exercício Ilegal de Atividade 176
32. Violação de Impedimento 176
33. Omissão dos Documentos Contábeis Obrigatórios 177
34. Efeitos da Condenação 178
35. Da Competência e Jurisdição 178
36. Crime Falimentar é Sempre de Ação Pública 179
37. Da Instauração da Ação Penal 180
38. Das Formalidades Processuais 180

Anexo
   Organograma do Processo de Recuperação 183

Bibliografia 185

Apresentação

Convido o leitor a fazer uma reflexão. Imaginar-se vivendo num País que esteja em guerra há mais de 40 anos. A dor e a morte passam a ser fatos cotidianos, rotineiros para esse povo.

Os brasileiros, desde o final do chamado "milagre econômico", nos anos 70, acostumaram-se a conviver com a expressão "crise econômica". Em verdade, gerações inteiras de brasileiros desconhecem o significado de viver numa economia saudável.

Desde 1992, porém, vivenciei o resultado prático dessa tragédia, atuando como síndico de falências de pequeno, médio e grande porte. Dentre estas, vi organizações, outrora pujantes, tombarem vencidas, nesses anos de guerra econômica.

Ao mesmo tempo, porém, via-me compelido a lidar com uma legislação de um tempo distante, onde o Brasil era pobre, mas aparentemente menos cruel com suas empresas e seu povo. Era o Decreto-Lei 7.661, de 1945, promulgado por Getúlio Vargas, tido à época como legislação moralizadora, contendo normas protetivas ao "comerciante de boa-fé, porém infeliz em seus negócios". Rigorosa contra a fraude, dava prevalência ao trabalhador e aos direitos sociais. Resguardava o interesse do fisco, acima dos créditos dos detentores de garantias reais. Era o final da 2ª Grande Guerra. Mas, a pior guerra e as mais sangrentas batalhas, para o País, ainda estavam por vir.

Assim, como as cenas de um filme repetitivo, vêm à minha mente os principais eventos desse drama nacional. Após a consolidação do capitalismo financeiro, pelos Governos pós-64, o Brasil foi solapado pela primeira grande crise do petróleo, em 1974, desfazendo-se o sonho do "milagre econômico". Fez a primeira maxidesvalorização da moeda em relação ao dólar, no natal de 1980. Faliu em final de 1982. Sofreu com a superinflação em 1985. Congelou os preços e os salários em fevereiro de 1986. Decretou moratória da dívida externa em 1987 e desabou na hiperinflação em 1989. Promoveu o congelamento da poupança interna em 1990. Voltou à superinflação em 1993. Trocou todo o seu meio circulante de pagamentos em 1994, alcançando a estabilidade de preços. Mas, ancorou-se na improvável paridade da cotação da moeda brasileira em relação ao dólar, desde 1994 até 1998, favorecendo a importação que prejudicava a indústria e a produção nacional. No verão de 1999, passou pelos apuros de uma forte crise cambial, desabando o valor do real. Sobreviveu e alcançou alguma estabilidade. Mas, sofreu os efeitos da alta do chamado "risco-país", por razões políticas, em 2002, disparando a cotação do dólar e ameaçando a volta da inflação. Com o novo Governo então eleito, passou a praticar a ortodoxia econômica em estado puro para, penosamente, manter um instável e irrisório nível de crescimento econômico e pequeno aumento na geração de empregos, com baixos índices de inflação, a base de taxas de juros altíssimas, elevadíssima carga tributária, alguma desvalorização cambial e manutenção do superávit primário, para honrar os compromissos internacionais. Todos são fatores que trazem dificuldades extremas para as empresas, com exceção daquelas do setor financeiro. Mas estas também reclamam. "O País não é seguro para investimentos", dizem. "Os contratos não são honrados" (vide moratória, tablitas e outros). "O Judiciário é lento e ineficaz".

Nesse período, a unidade monetária brasileira foi dividida por 1000 em 1967; de novo em 1986; e, mais uma vez, em 1989; até que, em 1994, foi convertida à paridade de 1 por 1 com o dólar. A dívida externa brasileira passou de aproximadamente 60 milhões de dólares, no início da década de 70, para quase um trilhão de dólares, atualmente.

Como manter empresas economicamente saudáveis num quadro desses?

Surgiu, nessa conjuntura, nos idos de 1997, a idéia de que, de alguma forma, a legislação deveria favorecer a recuperação das empresas brasileiras, como já se fazia em outros países. A tradicional concordata não fora concebida para enfrentar os revezes econômicos dessas décadas de sobressaltos.

Ninguém poderia ser contra semelhante iniciativa. Porém, esse projeto ficou engavetado durante alguns anos, por absoluta falta de interesse político.

Com a eleição do primeiro Presidente oriundo da classe operária brasileira, essa matéria voltou à ordem do dia.

A primeira reação foi de surpresa, pois jamais esse assunto fora debatido na Campanha eleitoral. No entanto, próceres da equipe econômica passaram a falar da necessidade de mudar a Lei de Falências. Noticiou-se que, na Argentina, tal modificação já havia sido realizada. A grande imprensa passou a cobrir o assunto com insistência. Economistas apontaram que disso dependeria a redução das elevadas taxas de juros. Técnicos do Banco Mundial avalizavam a necessidade de mudanças. A pressão foi tal, que o Congresso se viu obrigado a dar célere andamento na proposta, e o aprofundamento da discussão foi muito prejudicado.

Ao final da votação na Câmara dos Deputados, os meios jurídicos mais esclarecidos apontavam que fora gerado um "mostrengo". A matéria subiu à Casa Senatorial, e o projeto foi totalmente refeito. Algumas autoridades no assunto foram ouvidas, mas a sociedade brasileira, esta, não foi consultada. Aceitas, pela Câmara, as alterações feitas pelo Senado, com grande alarde foi promulgada, pelo Senhor Presidente da República, em 09 de fevereiro de 2005, a Lei 11.101.

O fato realmente é relevante. A revogação dessa antiga e obscura Lei de Falências de 1945 constitui-se em um dos últimos passos para enterrar completamente a herança da chamada "era Vargas". O último símbolo dessa era, agora, é a CLT.

A presente obra tem por modesto objetivo apresentar ao leitor uma primeira análise dos efeitos práticos dessas mudanças, muitos dos quais não foram anunciados à sociedade quando de sua promulgação.

A ênfase do livro é quanto aos institutos das recuperações judicial e extrajudicial de empresas, abordando a matéria falimentar apenas no que se relaciona às disposições comuns, do Capítulo I, e às mudanças mais significativas trazidas pela nova legislação.

A Lei 11.101/2005 é de difícil compreensão, não somente para o leigo, mas mesmo para aqueles que tenham alguma familiaridade com o Direito Falimentar. Adota terminologia própria deste ramo do Direito, mas opera mudanças de conceito. Inverte a ordem lógica das disposições contidas no Decreto-Lei revogado, embora reproduzindo-as literalmente. Veicula dispositivo com redação interpolada e, em alguns casos, com aparência de má técnica legislativa. Traz para o corpo da Lei de Falências remissão a diplomas legais de recentíssima elaboração. Seu texto é recheado de remissões a normas contidas em outros Capítulos e Seções, num vai e vem incessante e que, por vezes, desnorteia o intérprete. É a forma pós-moderna de legislar.

Nesse contexto, nossa preocupação é de mostrar que o Poder Judiciário pode desempenhar um papel fundamental para restituir à Lei 11.101/2005 os bons propósitos que animaram o legislador, em sua remota origem, transformando-a numa efetiva ferramenta em prol do soerguimento das entidades empresariais em crise econômica, com a manutenção dos empregos e geração de riquezas nas comunidades.

A letra fria da lei tentou transformar o juiz num burocrático homologador, mas desde que adequadamente provocado pelas partes e por nós, advogados, sua atuação poderá ser decisiva para garantir o atendimento da finalidade maior da lei, que é a recuperação das empresas em dificuldades e o cumprimento de sua função social. Por isso, embora descendo a algumas considerações teóricas, a preocupação do autor é sempre com a aplicação prática da legislação, tentando desatar os nós que a afastaram dos propósitos preconizados, na origem, por seus idealizadores. Vários exemplos e situações práticas são descritas ao longo do texto.

Também visa este trabalho a dar modesta contribuição aos operadores jurídicos dos novos mecanismos processuais, que se não forem bem entendidos e aplicados, transformarão a transição do sistema antigo para o novo em um caos cujas proporções são difíceis de antever. Se a lei anterior, decorridos 60 anos de sua vigência, ainda não estava sendo adequadamente executada no dia-a-dia forense, imagine-se o que pode acontecer com a novel legislação, cuja processualística é muitíssimo mais complicada.

A aplicação da lei revogada, até por ser muito antiga, suscitava viva e contínua elaboração jurisprudencial para atualizá-la. O temor é que, agora, sendo "nova" a lei, estiolem-se esses esforços em prol de certo conformismo com suas limitações evidentes.

Enfim, o objetivo é contribuir com o debate, que já vem se travando, e que não deve ficar restrito aos operadores do Direito, mas se estender a profissionais de outras áreas, como administração, economia e contabilidade, bem como às lideranças empresarias, sindicais e de trabalhadores.

Nosso desejo é que a sociedade brasileira vença, afinal, a guerra econômica, que já dura mais de quatro décadas, e que a nova lei venha a ser aplicada por seus destinatários com olhos postos nesse objetivo patriótico: recuperar essa grande empresa chamada Brasil !

Roberto Ozelame Ochoa
Amadeu de Almeida Weinmann

1ª Parte

A NOVA LEI DE FALÊNCIAS

Disposições Preliminares (artigos 1º a 4º)

1. Instrumentos jurídico-processuais aplicáveis à crise econômico-financeira empresarial, regulados pela Lei 11.101/2005

A Lei 11.101, de 09 de fevereiro de 2005, institui mecanismos processuais e um novo instrumento extrajudicial para equacionamento do mesmo fenômeno econômico, qual seja, o da crise econômico-financeira de entidade integrante do sistema produtivo ou de circulação de bens e serviços.

Além de regular a recuperação judicial, a recuperação extrajudicial e a falência, do empresário ou da sociedade empresária, como proclama o artigo 1º, a Lei 11.101/2005 cria ainda um regime especial para recuperação judicial para microempresas e empresas de pequeno porte, e regula ainda a autofalência.

O regime jurídico do Decreto-Lei 7.661, de 1945, de longa vigência entre nós, propunha soluções diferentes para fenomenologia igualmente distinta. Para crise financeira, o remédio jurídico a ser ministrado era o da concordata, ou seja, o da suspensão temporária de pagamentos, que malgrado o nome, se instaurava por iniciativa do devedor, à revelia da vontade dos credores. A autorização judicial para processamento da concordata era deferida a partir da presunção legal de viabilidade econômica da entidade produtiva. Aferia-se esta viabilidade pela simples confrontação entre os valores monetários do passivo sujeito à moratória, e os do ativo, ou do conjunto de bens corpóreos e incorpóreos avaliáveis em dinheiro, da empresa devedora. O resultado positivo dessa equação (suficiência de ativo para pagamento de mais da metade dos créditos quirografários) atestava a capacidade econômica da devedora.

Ao seu turno, o instrumento da falência, pela legislação anterior, objetivava à liquidação da empresa que se presumisse insolvente, situação esta que se aferia pela simples verificação de protesto de título executivo juridicamente válido, representativo de dívida líquida, certa e exigível, impaga, ou ainda por outros fatos, que a Doutrina designa como atos de falência. É do credor a prerrogativa de optar pela execução singular contra devedor solvente ou pela execução coletiva contra devedor insolvente.

Frente à crise meramente financeira, aplicava-se a concordata; em face da crise econômica, a falência.

O sistema inaugurado com a Lei 11.101/2005 afastou-se desse paradigma para abandonar o sistema de presunção de solvabilidade relativamente aos regimes de recuperação de empresa, judicial e extrajudicial.

Pouco importam as presunções legais de insolvência da entidade produtiva, se esta, aos olhos dos credores, se apresenta como economicamente viável, a inspirar confiança de que pode se recuperar, mediante adoção de plano de soerguimento. Também poderá ser mantida, ainda que a crise econômica esteja instaurada, se os credores entenderem, por exemplo, que sua manutenção em atividade representaria um mal menor do que a sua simples liquidação.

Nessa linha de raciocínio, a nova lei, no mesmo passo que aboliu a expressão *concordata* (que negava a realidade), reintroduziu em nosso direito a necessidade de concordância ou de não-objeção pelos credores, ao plano de recuperação cuja apresentação é encargo do devedor que aspire à repactuação coletiva das condições de adimplemento de seus débitos.

Fica abandonada, assim, a concepção de indúcia como um "favor legal", expressão largamente utilizada pelos operadores da extinta concordata. Agora, a manutenção ou não da entidade produtiva passa a ser ditada pelas circunstâncias dinâmicas do caso concreto e da realidade do ente econômico no âmbito da comunidade e do mercado em que atua.

Relativamente à falência, foram mantidas as mesmas hipóteses fáticas que, na legislação revogada, se constituíam no sistema de presunções legais de insolvência, com exceção da convocação de credores, que passou a ser regulada como recuperação extrajudicial. Naquele regime, a única possibilidade de o devedor provar que, embora presumível, a irremediável crise econômica não estava instalada, seria efetuar o pagamento, ou elidir a falência, no curtíssimo prazo de 24 horas, o que estabelecia insofismável contraprova da presunção esgrimida pelo credor requerente da quebra. Fora disso, somente poderia o devedor provar a inexistência da alegada dívida, seu pagamento, ou relevantes razões de direito que apontassem a inexigibilidade do título executivo. Como se vê, razões exógenas ao seu estado econômico.

A novel legislação manteve a possibilidade de elisão econômica do pedido, pelo pagamento e, paralelamente, introduziu a faculdade de o devedor sustar o pedido de quebra, requerendo a recuperação judicial, no prazo da contestação, agora alargado para 10 dias. Assim, pode o devedor demonstrar que, embora inadimplente parcial ou totalmente em suas obrigações, sua empresa é economicamente viável.

Outrossim, em termos gerais, as hipóteses fáticas previstas na revogada legislação como presunções de insolvência foram agora reconhecidas pelo legislador como simples requisitos autorizadores do manejo da ação de falência pelo credor.

A concordata suspensiva, que no regime anterior tinha por objetivo levantar a falência já decretada, foi também abolida. A existência desse instituto, na legislação revogada, evidenciava a insuficiência das presunções para dar a certeza do estado de insolvência do ente econômico, na medida em que admitia a convolação da falência em concordata, o que significava, do ponto de vista processual, a rescisão da sentença declaratória/constitutiva de falência.

Agora, entendeu o legislador que, ao oportunizar que o devedor venha a elidir a presunção meramente formal de insolvência, antes de instaurada a falência, se esta vier a ser decretada, o estado de insolvência se reveste de certeza absoluta, a ponto de não mais poder ser revertido. Daí não mais existir a concordata suspensiva.

Isso explica, também, a nova disposição das fases do processo falimentar, com início da fase de liquidação imediatamente após a decretação da falência, independentemente de concordância do devedor, que no decreto-lei revogado era de rigor e no qual a liquidação antecipada era admissível apenas em casos excepcionais. Havendo certeza quanto ao estado de insolvência, nenhuma delonga se faz necessária para dar início à liquidação, desonerando a massa de custosas despesas de manutenção, vigilância e conservação dos bens arrecadados.

2. Aplicabilidade residual da Lei 11.101/2005 aos entes empresariais privados

A nova lei aplica-se ao empresário e à sociedade empresária. Foi superada assim a insuficiência conceitual da legislação anterior, que atribuía a aplicabilidade do instituto ao comerciante.

Com a introdução do Direito de Empresa, no ordenamento civilista da Lei 10.404, de janeiro de 2002, é no Código Civil que a conceituação dos entes econômicos objetivados pela Lei 11.101/2005 deve ser buscada.

Na definição do artigo 966 do Código Civil, denomina-se empresário "quem exerce profissionalmente atividade econômica organizada para a produção ou a circulação de bens ou de serviços".

Sobre sociedade empresária, o Código Civil, artigo 982 e seguintes, a define como a sociedade que tem por objeto o exercício de atividade própria de empresário sujeito a registro.

Do conjunto dessas normas, fica claro que a lei somente se aplica às empresas e aos empresários devidamente inscritos no Registro Público de Empresas Mercantis (artigo 967 do Código Civil), ou seja, nas respectivas Juntas Comerciais de cada Estado da Federação.

Coexistem, no ordenamento jurídico brasileiro, leis especiais que regulam outros instrumentos jurídicos para aplicação às situações de insolvabilidade de instituições do sistema financeiro e congêneres, com destaque para a Lei 6.024, de 13 de março de 1974, que regula a intervenção e liquidação extrajudicial de tais entidades, como será visto adiante. Assim, a Lei 11.101/2005 tem aplicação residual sempre que inexistir instrumento regrado em diploma jurídico especial. Mas, relativamente a estes, a nova lei poderá, em certos casos, ter aplicação subsidiária.

3. Formas societárias aplicáveis à sociedade empresária

A sociedade empresária pode-se constituir sob a forma de algum dos tipos societários previstos nos artigos 1.039 a 1.092 do Código Civil, a saber:

Sociedade em nome coletivo (artigo 1.039), na qual todos os sócios são solidária e ilimitadamente responsáveis pelas obrigações sociais, admitidas apenas pessoas físicas;

Sociedade em comandita simples (artigo 1.045), na qual coexistem duas categorias de sócios: os comanditados, pessoas físicas, respondendo solidária e ilimitadamente pelas obrigações sociais; e os comanditários, obrigados somente pelo valor das quotas subscritas; Sociedade por quotas de responsabilidade limitada, ou simplesmente sociedade limitada (artigo 1.052), na qual, pela dicção da norma civilista, a responsabilidade de cada sócio é restrita ao valor de suas quotas, mas todos respondem solidariamente pela integralização do capital social; Sociedade em comandita por ações (artigo 1.090), na qual o capital social é dividido em ações, e somente o acionista pode ser diretor, nomeado no ato constitutivo da empresa, e nessa condição é solidária e ilimitadamente responsável pelas obrigações sociais; e Sociedade anônima, ou sociedade por ações (artigo 1.088), também denominada companhia, na qual o capital social é dividido em ações, obrigando-se cada sócio ou acionista somente pelo preço de emissão das ações que subscrever ou adquirir, sujeitando-se estas sociedades às regras da Lei 6.404/1976.

Dos tipos societários acima mencionados, a quase totalidade das empresas brasileiras se organiza sob a forma de sociedades por quotas de responsabilidade limitada ou de sociedades por ações (sociedade anônima). Em decorrência, na grande maioria dos casos, a recuperação judicial ou falência da empresa não implica responsabilidade solidária do sócio. No entanto, a nova Lei de Falências obrigou-se a fazer sucessivas referências ao sócio ilimitadamente responsável, ou aos credores deste, exatamente por coexistirem, no direito brasileiro, formas societárias em que o sócio ou acionista responde solidária e ilimitadamente pelas obrigações sociais.

4. Empresário ou produtor rural

Merece especial destaque inovação introduzida pela nova legislação, que passou a ser aplicável ao produtor e ao empresário rural, ou seja, a pessoa física cuja atividade rural seja sua principal profissão.

Na realidade, o produtor rural raramente se organiza em sociedade registrada, prevalecendo os regimes de parceria. Mas, sua atividade tem nítida natureza empresarial, voltada à produção e venda de bens primários, inclusive para o mercado externo. Observe-se, todavia, que apenas após a edição do Novo Código Civil, passou a ser admitida a inscrição do empresário rural no Registro Civil de Pessoas Jurídicas, conforme autoriza o artigo 971 do Estatuto Civil. Após a inscrição, reza a norma, "ficará equiparado, para todos os efeitos, ao empresário sujeito a registro" (artigo 971, parte final, do CCB).

5. Entes excluídos do regramento da Lei 11.101/2005

5.1. Sociedades simples e sociedades não-personificadas – A lei nova não se aplica à sociedade simples (artigo 982, parte final, do Código Civil), cuja personalidade jurídica é adquirida pela inscrição dos atos constitutivos no Registro Civil de Pessoas Jurídicas (artigo 998 do Código Civil), nem às sociedades não-personificadas (artigo 986 do Código Civil).

5.2. Sociedades de economia mista e empresas públicas – É inaplicável a lei de falências às sociedade de economia mista por norma expressa na Lei das Sociedades Anônimas (artigo 242). A Lei 11.101/2005, para maior clareza, acrescentou empresa pública, instituída na forma do Decreto-Lei 200/67.

5.3. Instituições mencionadas no inciso II do artigo 2º – Quanto a essas, à semelhança do regime do Decreto 7.661/45, coexistem estatutos jurídicos próprios, que ensejam procedimentos administrativos de intervenção e liquidação extrajudicial, atualmente a cargo do Banco Central do Brasil. No entanto, remanesce também a aplicação subsidiária da Lei 11.101/2005 às hipóteses de intervenção e liquidação extrajudicial das instituições financeiras públicas ou privadas, das cooperativas de crédito e das administradoras de consórcios, agora, por previsão expressa do seu artigo 197.

Efetivamente, a intervenção e liquidação extrajudicial das instituições financeiras públicas e privadas seguem sendo reguladas pela Lei 6.024, de 13 de março de 1974. Dessa forma, as mencionadas sociedades não poderão valer-se do regime de recuperação judicial, nem poderá o credor requerer a falência daquelas, na forma do artigo 97. A Lei 11.101/2005, no entanto, prosseguirá sendo aplicável subsidiariamente, nos casos de liquidação extrajudicial, agora, por previsão expressa do seu artigo 197. Assim, a figura do administrador judicial equipara-se à do liquidante da Lei 6.024/74, e a do juiz à do Banco Central. Ditas instituições poderão ainda ter sua falência requerida pelo liquidante, sempre que o ativo for insuficiente para pagamento de mais da metade dos créditos quirografários, aplicando-se, nessa hipótese, em sua inteireza, as disposições da nova lei relativamente à quebra.

Esses mesmos princípios aplicam-se, no que couber, às administradoras de consórcios e cooperativas de crédito, cuja liquidação segue sendo regida pelas disposições da Lei 6.024/74, com aplicação subsidiária da Lei 11.101/2005.

O artigo 2º, II, como visto, menciona a inaplicabilidade da Lei 11.101/2005, às cooperativas de crédito. No entanto, nada menciona quanto às entidades cooperativas voltadas a outros tipos de atividades, na área de produção agrícola, indústria, prestação de serviços e outras. Apesar da dúvida que possa suscitar, a Lei 11.101/2005 é manifestamente inaplicável às sociedades cooperativas, pois não resultou revogado o artigo 4º da Lei 5.764, de 16.12.1971.

Ao seu turno, o artigo 982, parágrafo único, do Código Civil, estabelece que as cooperativas, independentemente de seu objetivo, são consideradas sociedades simples, e a nova lei não é aplicável às mesmas.

6. Foro de processamento da recuperação judicial ou falência

A aplicação inflexível do foro do domicílio do devedor, que na pessoa jurídica é o da sede contratual, adotado no processo civil, oportunizaria ao devedor a artificiosa alteração daquele com o fito de deslocar a competência territorial com objetivos escusos. Na linha da jurisprudência que já se formara, sob o regime anterior, o artigo 3º dispõe que há de se firmar a competência no foro da comarca em que efetivamente se situe o estabelecimento principal. Deve ser assim entendido aquele no qual se situe efetivamente a administração dos negócios do devedor.

Capítulo II
Disposições Comuns à Recuperação Judicial e à Falência

Seção I
Disposições Gerais (artigos 5º e 6º)

7. Créditos pré-excluídos

A norma do artigo 5º da nova Lei de Recuperação de Empresas encontra correspondência no artigo 23, parágrafo único, do Decreto-Lei 7.661/45, escoimado da menção a "prestações alimentícias" e do antigo inciso III, agora inexistentes. São os chamados "créditos pré-excluídos".

Efetivamente, corrigiu-se a má redação do Decreto-Lei 7.661/45, pois é inequívoco que podem ser reclamadas na falência ou na recuperação judicial, prestações de natureza alimentar, como o são, em essência, salários e outras obrigações.

8. Obrigações a título gratuito

A seu turno, a expressão "obrigações a título gratuito", trazida da legislação anterior, não exprime com exatidão o escopo da norma. Em realidade, a regra visa a impedir a exigibilidade de obrigações contraídas por pura liberalidade do devedor, quiçá com intuito de lesar credores, como é o caso, em nosso direito, da doação (artigo 538 do CCB), pela qual o doador se obriga à transferência ao patrimônio de outra pessoa, sem qualquer contrapartida, de bens, direitos ou vantagens.

9. Despesas e honorários advocatícios

A regra do inciso II do artigo 5º da Lei 11.101/2005, também reeditada da legislação anterior, sem os aperfeiçoamentos que reclamava, visa a, na prática, a impedir que sejam obrigadas, tanto a empresa em recuperação judicial, como a massa falida, a reembolsar as custas judiciais que os credores satisfizeram para habilitar seus créditos, bem como outras despesas que para tanto venham a ser obrigados a realizar, tais como, despesas de viagem, diárias, honorários contratuais e outras. Isso porque o procedimento de habilitação de crédito é meramente administrativo, não se constituindo em lide frente ao devedor.

Na recuperação judicial, nos termos do artigo 7º, § 2º, após a publicação do edital, qualquer credor poderá, no prazo de 10 dias, habilitar seu crédito, caso não tenha sido devidamente relacionado pelo administrador, ou ainda apresentar impugnações quanto à relação apresentada.

O mesmo vale agora para a falência, pois o artigo 99, III e IV, instituiu o dever de o falido apresentar relação dos credores, cinco dias após a decretação da quebra.

Essas iniciativas dos credores não estabelecem litígio contra a devedora, sempre que a referida habilitação não venha a ser contestada pelo administrador judicial, pelo devedor ou por outro credor (artigo 11).

Somente na hipótese de ser oferecida contestação ao pedido haverá pretensão resistida e, conseqüentemente, somente então, lide. Ao final, o juiz proferirá sua decisão, ocorrerá sucumbência para uma ou ambas as partes e, pois, condenação em honorários, que deverão ser arbitrados, proporcionalmente ao valor admitido ou excluído do crédito em discussão, ou de parte dele, conforme se trate de impugnação total ou parcial.

Esse era o entendimento do Superior Tribunal de Justiça e da jurisprudência dos demais Tribunais, que ora merece ser mantido.

PROCESSO CIVIL. FALÊNCIA. HABILITAÇÃO DE CRÉDITO. IMPUGNAÇÃO. HONORÁRIOS ADVOCATÍCIOS. POLÊMICA. DOUTRINA. ORIENTAÇÃO. RECURSO PROVIDO. São devidos honorários advocatícios em habilitação de crédito em processo de falência, desde que instaurada a litigiosidade, por meio de impugnação à habilitação.[1]

Com mais razão, ainda, são devidas as custas e os honorários nos quais tenha a devedora sido condenada em ações nas quais sucumbiu.

Vale ressaltar que a seccional da Ordem dos Advogados do Rio Grande do Sul, por deliberação de seminário realizado em Porto Alegre, no dia 21/06/2003, acolheu sugestão deste advogado, e atuou junto ao Congresso Nacional, para obter a exclusão de dispositivo que afastava totalmente a exigibilidade de honorários na recuperação judicial e na falência, encartado na Subemenda Aglutinativa Global ao Substitutivo adotado pela Comissão Especial ao Projeto de Lei 4.376, de 1993, que em sua versão original visava a regular a recuperação

---

[1] STJ, 4ª Turma, relator Ministro Sálvio de Figueiredo Teixeira. REsp 172.973-MG, por unanimidade, 17 de agosto de 2000.

judicial e a falência de devedores pessoas físicas e jurídicas, da Câmara dos Deputados.

10. Exigibilidade das multas pecuniárias

Alteração de destaque, no dispositivo ora analisado, é que agora passam a ser admitidas na falência e na recuperação judicial as multas pecuniárias, decorrentes da infração a leis penais e administrativas, inclusive a multa tributária.

A razão para que ditos créditos não figurassem como exigíveis, pela legislação revogada, é singela: passariam os credores a arcar com a redução do acervo por conta de ilícitos administrativos e penais a que não deram causa.

O legislador, no entanto, não esteve desatento a essa realidade e estabeleceu que, na falência, as penas pecuniárias passam a integrar o quadro geral de credores e são exigíveis somente após o pagamento dos créditos quirografários (artigo 83, VII), antes dos créditos subordinados.

Sendo estes, precipuamente, os créditos dos sócios e dos administradores sem vínculo empregatício, a regra pune aqueles que, ou por ação ou por omissão, causaram os ilícitos, preservando os demais credores.

Dessa forma, restam finalmente superadas as Súmulas 192 e 565 do Supremo Tribunal Federal, combatidas por décadas, com tenacidade, pelo fisco.

O dispositivo aplicado à recuperação judicial, no entanto, se não piorou a situação da empresa em dificuldades, demarcou limite à possibilidade de redução ou isenção das multas, no âmbito da legislação que venha a regular os futuros programas de parcelamento dos débitos tributários para empresas em recuperação.

A matéria tratada no artigo 6º encontra paralelo nos artigos 24 e 47 da lei anterior, com significativas inovações. Como a lei anterior, a atual merece alguma reflexão para ser corretamente entendida.

11. Suspensão do curso do prazo prescricional das obrigações

Desde a decretação da falência ou do deferimento do processamento da recuperação judicial, fica suspenso o curso dos prazos de prescrição das obrigações do devedor.

Os prazos prescricionais das obrigações civis são aqueles elencados no artigo 206 do Código Civil. Os prazos de decadência de direitos (artigo 207 e seguintes do CCB) não são afetados pela regra.

Por sua vez, as obrigações cambiárias, que dizem mais de perto com a vida das empresas, têm sua prescrição regulada em diplomas normativos próprios:

a) Cheque (Lei 7.357, de 02 de setembro de 1985). O prazo prescricional da ação executiva cambiariforme do cheque é de 6 meses, contados da expiração do prazo de apresentação. Este é de 30 dias, tratando-se de cheque pagável na mesma praça em que foi emitido. O prazo de apresentação de cheque emitido para compensação em praça diferente, é de 60 dias. Assim, na prática, para cheque da mesma praça, o prazo prescricional é de 7 meses da data da emissão. Para cheques de praça diversa, o prazo prescricional é de 8 meses. Atenção. O pedido de recuperação judicial não suspende o transcurso do prazo de apresentação do cheque ao banco sacado, e sim apenas o prazo prescricional da ação executiva. Isso porque a prévia apresentação ao sacado, ou o protesto do cheque em caso de oposição ao pagamento, são condições indispensáveis ao exercício da ação executiva, caso o emitente não disponha de fundos junto ao banco sacado no momento da apresentação. Reza o artigo 47, § 3º, da Lei do Cheque: "O portador que não apresentar o cheque em tempo hábil ou não comprovar a recusa do pagamento pela forma indicada neste artigo perde o direito de execução contra o emitente, se este tinha fundos disponíveis durante o prazo de apresentação e os deixou de possuir em razão de fato que não lhe seja imputável." Portanto, trata-se de condição para revestir o título de natureza executiva. Isso feito, resultando descumprida a obrigação, aí sim, efetivamente, o prazo prescricional da execução restará suspenso pelo eventual deferimento do processamento da recuperação judicial.

b) Nota Promissória (Decreto 2044, de 31 de dezembro de 1908) e Duplicatas (Lei 5474, de 18 de julho de 1968) – O prazo prescricional para as execuções desses títulos é de 3 anos, contados da data do vencimento.

O termo inicial da suspensão é:

a) na recuperação judicial, a data da decisão que autoriza seu processamento;

b) na falência, a data da sentença que decreta a quebra.

Não se trata de causa interruptiva, mas suspensiva, razão pela qual, após o termo final da suspensão, o prazo remanescente volta a correr do ponto em que parou.

São termos finais da suspensão da prescrição:

a) na recuperação judicial, a fluência do prazo improrrogável de 180 (cento e oitenta) dias, contado do deferimento do processamento da recuperação;

b) na falência, a data do trânsito em julgado da sentença de encerramento da quebra.

12. Da suspensão da tramitação das ações e execuções em que os credores demandem quantia líquida

Embora a ênfase do texto legal do *caput* do artigo 6º à suposta suspensão de "todas as ações ou execuções", em verdade, nem todas se quedam paralisadas pelo decreto de quebra ou deferimento de processamento de pedido de recuperação judicial. O alcance da norma deve ser visualizado em consonância com o disposto no artigo 52, III.

Além das exceções previstas no artigo 52, III, somente as ações ou execuções que os credores estejam movendo em face do devedor, por quantia líquida, têm sua tramitação efetivamente suspensa.

13. Do prosseguimento das execuções com data de leilão ou praça já designada

Relativamente às execuções por quantia líquida, certa e exigível, que, em princípio, ficariam sobrestadas, há de se perquirir, ainda, sobre a fase em que se encontra o processo.

O diploma revogado, em seu artigo 24, § 1º, determinava o prosseguimento da execução individual quando já se encontrasse com data designada para praça ou leilão do bem penhorado. Assim, com edital de praça publicado, mas designada para ocorrer em data posterior à da decretação da falência, a regra era realizar normalmente o certame na execução singular, mas o produto da venda seria arrecadado pela massa falida, restando ao exeqüente habilitar-se na falência. Contudo, se o edital e a própria praça antecedessem à decretação da falência, o produto ficaria à disposição do exeqüente, cabendo à massa eventual sobra, após a satisfação da totalidade do crédito do exeqüente e demais despesas do processo executivo singular.

A Lei 11.101/2005 não faz menção semelhante, mas a solução há de ser a mesma, o que se depreende de sua interpretação sistemática.

Tratando-se de falência, os bens penhorados são arrecadados pelo administrador judicial, exceto aqueles que já estejam com data de alienação judicial designada, hipótese em que será o produto da venda, e não o bem, o objeto da arrecadação, a reverter à massa falida. Cabe ao juiz da quebra deprecar ao juízo da execução para remessa do valor apurado, conforme artigo 108, § 3º. Ao dispor que o valor apurado deverá ser remetido ao juízo universal, o legislador de 2005 admitiu, por silogismo irretorquível, que dita execução singular tenha seu prosseguimento até a alienação do bem penhorado.

14. Das ações que não se suspendem

14.1. Ações por quantia ilíquida – Por interpretação *a contrario sensu*, e por força da letra expressa do § 1º do artigo 6º, é forçoso concluir que também prosseguem as ações em que esteja sendo demandada quantia ilíquida.

14.2. Ações por obrigações de fazer ou não-fazer, ou prestação de fato ou coisa – Também não serão sobrestadas as ações por obrigações de fazer ou não-fazer, ou prestação de fato ou coisa, as quais não são de modo algum afetadas pelo deferimento do processamento da recuperação judicial ou decretação da quebra. Essa é a regra geral, sempre que não se tratar de nenhuma das hipóteses que a lei trata como exceções.

Em se tratando de recuperação judicial, estas ações terão prosseguimento com o próprio devedor. Com a abertura da falência, prosseguirão com o administrador judicial.

Entre as ações que demandam quantia ilíquida, estão as ações condenatórias em geral, que demandam posterior liquidação, por artigos ou arbitramento, as declaratórias e as de que veiculam pretensão a sentença com eficácia constitutiva positiva ou negativa, inclusive as de usucapião, estas no foro de situação do bem, ainda que diverso do da quebra ou recuperação judicial.

14.3. Outras exceções expressas da Lei 11.101/2005 – Estão expressamente excluídas da sobrestância na tramitação, por força do disposto no artigo 49 c/c 52, III, as ações movidas por credor titular da posição de proprietário fiduciário de bens móveis ou imóveis, de arrendador mercantil, de proprietário ou promitente vendedor de imóvel cujos respectivos contratos contenham cláusula de irrevogabilidade ou irretratabilidade, inclusive em incorporações imobiliárias, ou de proprietário em contrato de venda com reserva de domínio, cujo crédito não se submeterá aos efeitos da recuperação judicial e prevalecerão os direitos de propriedade sobre a coisa e as condições contratuais, observada a legislação respectiva, não se permitindo, contudo, durante o prazo de suspensão a que se refere o § 4º do artigo 6º, a venda ou a retirada do estabelecimento do devedor dos bens de capital essenciais a sua atividade empresarial. Assim, a exigir um verdadeiro malabarismo por parte do intérprete, não ficam suspensas estas ações, todas de cunho preponderantemente executivo, mas não serão levados a efeito os atos expropriatórios respectivos, nem será o devedor privado de sua posse, restando poucos os atos a serem praticados nas mesmas, porque os efeitos momentaneamente tornados inexeqüíveis são da essência da pretensão deduzida em juízo pelo credor.

Tratam-se das ações de:

a) busca e apreensão pelo proprietário fiduciário no contrato de alienação fiduciária de coisa móvel, disciplinada pelo artigo 66 da Lei 4.728, de 14 de julho de 1965, cuja redação foi dada pelo Decreto 911, de 01 de outubro de 1969;

b) execução extrajudicial pelo credor fiduciário no contrato de alienação fiduciária de imóveis disciplinado pela Lei 9.514, de 20 de novembro de 1997;

c) reintegração de posse no contrato de arrendamento mercantil, conforme definição legal da Lei 6.099, de 12 de setembro de 1977,

d) reintegração de posse do proprietário ou promitente vendedor de imóvel cujos respectivos contratos contenham cláusula de irrevogabilidade ou irretratabilidade, inclusive em incorporações imobiliárias, considerado o constante nos artigo 1.227 e 1.245, § 1º do Código Civil; e,

e) execução e reintegração de posse em favor do proprietário do contrato de venda com reserva de domínio, regulada nos artigos 1.070 e seguintes do CPC.

15. Dos coobrigados cambiários

Reza o artigo 48 da nova Lei de Falências, "§ 1º Os credores do devedor em recuperação judicial conservam seus direitos e privilégios contra os coobrigados, fiadores e obrigados de regresso".

Se for certo que a recuperação judicial não afeta os direitos e privilégios dos credores contra coobrigados, fiadores e obrigados de regresso, igualmente verdadeiro que não são sustadas as ações e execuções que os credores do devedor estejam movendo contra seus coobrigados cambiários (avalistas, fiadores e outros), o que não poderia ser diferente, pelo princípio da autonomia das obrigações cambiais, entendimento este que já esposava Valdemar Ferreira,[2] com relação à lei anterior.

16. Fiança civil e locatícia

Pelo artigo 827 do Código Civil, o fiador demandado pelo pagamento da dívida tem o direito de exigir que sejam excutidos primeiro os bens do devedor. No entanto, o chamado benefício de ordem não aproveita ao fiador, segundo o artigo 828, nas hipóteses em que a ele renunciou (inciso I); quando se obrigou como principal devedor (inciso II); ou, no caso de falência ou insolvência civil do devedor (inciso III).

Em face da mudança da lei, questão prática que surge é saber o que ocorre quando o principal devedor requer a recuperação judicial, e dentre os débitos relacionados se encontra aquele afiançado por terceiro. O pedido de recuperação suspende o curso da execução movida pelo credor contra o fiador civil? Outrossim, poderá invocar o benefício de ordem ao qual não renunciou? À primeira vista, a execução contra o fiador prosseguirá, mas este pode invocar o benefício de ordem, se não se tratar de falência do devedor principal, pois as obrigações do fiador são restritivamente interpretadas.

17. Falência e execução fiscal

Também prosseguirá a tramitação da execução fiscal, conforme preceitua o § 7º do artigo 6º, incorporando à Lei de Falências o preceituado pela Súmula 44 do extinto Tribunal Federal de Recursos. Mais uma vez, o legislador deixou passar a oportunidade de sanar as inúmeras dúvidas que a matéria suscita.

A execução fiscal ajuizada após a quebra, ou, se anterior a esta, que não tenha penhora aparelhada, prosseguirá até a efetivação da penhora que será realizada no rosto dos autos principais da falência.

---

[2] Obra citada, p. 234, nota 1.600.

Na prática, trata-se da certificação pelo escrivão, na capa ou contracapa dos autos do processo falimentar, da existência da penhora, que recai sobre a totalidade dos bens e direitos arrecadados pelo administrador. A realização do crédito aguardará a venda dos bens no processo de falência, quando será pago, na ordem de classificação de créditos, conforme as forças do acervo (artigo 83).

Tratando-se de execução fiscal iniciada anteriormente à decretação da falência e que esteja aparelhada com penhora de bens, sobrevindo falência antes da praça, serão os bens penhorados excutidos na execução fiscal, e o produto será remetido ao juízo da falência para satisfação dos credores, na ordem de preferências estabelecida em lei, o que já era a solução referendada pela Corte Especial do Superior Tribunal de Justiça, no Incidente de Uniformização de Jurisprudência no Recurso Especial 188.148-RS, relator o Ministro Humberto Gomes de Barros, que revisou a Súmula 44 do TRF, e agora conta com a previsão legal do apontado artigo 108, § 3º, da Lei 11.101/2005. O mencionado precedente, vinculativo da jurisprudência daquela Corte, tem a seguinte ementa:

PROCESSUAL – EXECUÇÃO FISCAL – MASSA FALIDA – BENS PENHORADOS – DINHEIRO OBTIDO COM A ARREMATAÇÃO – ENTREGA AO JUÍZO UNIVERSAL – CREDORES PRIVILEGIADOS

I – A decretação da falência não paralisa o processo de execução fiscal, nem desconstitui a penhora. A execução continuará a se desenvolver, até a alienação dos bens penhorados.

II – Os créditos fiscais não estão sujeitos à habilitação no juízo falimentar, mas não se livram da classificação, para disputa de preferência com créditos trabalhistas (Decreto-lei. 7.661/45, artigo 126)

III – Na execução fiscal contra falido, o dinheiro resultante da alienação de bens penhorados deve ser entregue ao juízo da falência, para que se incorpore ao monte e seja distribuído, observadas as preferências e forças da massa.

Esse entendimento, formado sob a égide da lei anterior, merece agora ser prestigiado, diante da alteração contida no artigo 83 e da nova redação dada pela Lei Complementar 118/2005 ao Código Tributário Nacional, que alteraram a classificação do crédito tributário. Este perdeu força hierárquica, diante dos créditos com garantia real.

Assim sendo, todas as esferas do Judiciário devem se esmerar em fazer cumprir o que a ordem jurídica abstratamente concebeu. Na medida em que instaurado o concurso no juízo universal da falência, para lá devem convergir também os créditos tributários, pena de vulnerar a ordem de preferência. Esta não é apenas um comando ao administrador judicial, mas um princípio legal, ao qual ninguém está eximido de cumprir.

Apenas na hipótese de já ter sido realizada a praça no executivo fiscal, antes da decretação da quebra, sobrevindo a mesma, então sim, a quantia apurada pertencerá à fazenda exeqüente, somente sendo arrecadável pela massa o montante que restar após o integral pagamento da dívida exeqüenda. Essa conclusão dimana do entendimento jurisprudencial antes esposado, ao qual já nos filiávamos mesmo sob a vigência da lei anterior.

18. Recuperação judicial e execução fiscal

No caso de recuperação judicial, não há arrecadação de bens, nem massa falida, *nem concurso de credores*, prosseguindo o devedor em sua atividade normal. Por norma expressa, prosseguirão as execuções fiscais, ajuizadas antes ou depois da decisão que defere o processamento ou da que concede a recuperação. A execução fiscal somente poderá ser suspensa se o devedor obtiver o benefício do parcelamento especial de débitos tributários, a depender de aprovação de projeto de lei ainda em tramitação no Congresso Nacional (artigo 6º, § 7º)

Sobre esse tema, operou-se alteração no Código Tributário Nacional, através da Lei Complementar 118, de 9 de fevereiro de 2005, autorizando a aprovação de lei que disponha sobre as condições de parcelamento dos débitos tributários do devedor em recuperação judicial.

19. Da ação e da execução trabalhista

Nesse ponto, encontram-se os maiores desencontros da lei e, talvez, um de seus aspectos mais controvertidos.

Na vigência do regime anterior, a jurisprudência esteve revolta, até a pacificação do tema, sob as seguintes diretivas:

a) O deferimento do processamento da concordata em nada interferia na tramitação das reclamatórias ou execuções trabalhistas, que deveriam prosseguir até a execução, penhora e, se fosse o caso, alienação judicial de bens do devedor;

b) A decretação da quebra não suspendia o curso da reclamatória trabalhista na justiça especializada, que prosseguia com o síndico, em suas várias instâncias;

c) A execução trabalhista contra a massa falida iniciava-se na Justiça do Trabalho, notificando-se o síndico, e, depois de decorrido o prazo de embargos ou após o julgamento destes, caso interpostos, expedia-se a competente certidão para habilitação de crédito na falência, que serviria de documento hábil para a habilitação do interessado, a ser incluído no quadro de credores e pago, segundo a ordem das preferências e consoante as forças da massa, a Justiça do Trabalho era vista como soberana para estabelecer a legitimidade e importância do crédito trabalhista;

d) As habilitações de créditos, em conformidade com as decisões da Justiça do Trabalho, e eventuais impugnações, eram processadas no juízo da falência ou concordata, para onde também deveriam acorrer os credores para ajuizar eventuais pedidos de reserva.

A Lei 11.101/2005, em vez de prestigiar o sistema vigente, construído por anos de conformação jurisprudencial, propondo alguns melhoramentos, partiu para criação legislativa que, certamente, contribuirá para convulsionar a jurisprudência até então pacificada.

Vale lembrar que qualquer inovação legislativa feita à margem da natural evolução da práxis processual resulta, não raro, em paralisia, contribuindo para a morosidade do processo. Mas não era isso que o legislador alegava ser um dos principais defeitos da antiga lei?

Em síntese, pode-se afirmar que em face da nova lei, as mencionadas diretrizes sofreram mudanças, a saber:

a) O deferimento do pedido de processamento da recuperação judicial (antiga concordata) passa a ser causa suspensiva da tramitação da execução de sentença trabalhista na Justiça do Trabalho, que não poderá prosseguir ou ser iniciada, pelo prazo de 180 dias;

b) Mas, findo esse prazo, as execuções voltam a ter curso normal, por força do artigo artigo 6º, § 5º, a aprovação do plano de recuperação, no entanto, representa causa extintiva da execução suspensa, por importar em novação, na forma do artigo 59, como será visto mais adiante;

c) A decretação da quebra ou deferimento do processamento de recuperação judicial não suspende a tramitação da ação de conhecimento trabalhista que prosseguirá até definição do valor final da condenação, com o agora denominado administrador judicial (na falência) ou com o devedor (na recuperação), conforme a hipótese, por interpretação razoável do interpolado § 2º do artigo 6º;

d) O § 2º do artigo 6º reza que as reclamações terão tramitação na Justiça do Trabalho somente até a apuração do valor respectivo, que será incluído no quadro de credores, com o que se subentende que encerrada a fase de conhecimento (em processo do trabalho inexiste execução como ação autônoma), a execução trabalhista não será iniciada durante o período de processamento da recuperação judicial, mas, em caso de falência, a nova lei não esclarece se será mantido o procedimento até agora adotado, com início da execução ou não, reabrindo uma velha celeuma jurisprudencial.

Uma vez publicada a relação de credores pelo administrador judicial, na forma do artigo 7º, § 2º, poderá o credor trabalhista optar pela impugnação da mesma; na forma do artigo 8º, esta será processada perante a Justiça do Trabalho, por força do artigo 6º, § 2º, o que soa tumultuário e indevido.

Em contrapartida, também o texto legal admite e até estimula que sejam pleiteados, perante o administrador judicial, habilitação, exclusão ou modificação de créditos derivados da relação de trabalho (parte inicial do § 2º do artigo 6º), o que enfraquece a soberania das decisões da Justiça do Trabalho. Afinal, parece não haver dúvida de que o crédito trabalhista pode ser admitido na recuperação e na falência independentemente de exame da justiça especializada, o que é relevante inovação que altera o entendimento jurisprudencial que se firmara sob a égide da lei anterior.

Também os pedidos de reserva deverão ser apresentados no juízo trabalhista, o que não contribui para boa ordem dos procedimentos no juízo onde se desenrola a quebra ou recuperação judicial.

Em conclusão: as execuções trabalhistas em curso ficam efetivamente suspensas, e outras não poderão ser iniciadas, desde o despacho inicial do pedido de recuperação judicial até o prazo máximo de 180 dias. Tal entendimento decorre da interpretação sistemática dos §§ 2º e 5º do artigo 6º, de péssima redação, em conjunto com o artigo 52, III, e com o disposto no artigo 54, que admite a possibilidade de o devedor em recuperação judicial apresentar plano para pagamento dos créditos trabalhistas em até um ano.

Visualizada no plano das finalidades da lei, a possibilidade da moratória trabalhista restaria ferida de morte, caso as execuções trabalhistas pudessem prosseguir até a apresentação e aprovação do plano.

Mas até a apuração do valor devido ao trabalhador, a reclamação prossegue no juízo trabalhista. Veja-se que o artigo 52, III, reza que, com o deferimento do pedido de recuperação, o juiz "ordenará a suspensão de todas as ações ou execuções contra o devedor, na forma do artigo 6º desta Lei, permanecendo os respectivos autos no juízo onde se processam, ressalvadas as ações previstas nos §§ 1º, 2º e 7º do artigo 6º desta Lei e as relativas a créditos excetuados na forma dos §§ 3º e 4º do artigo 49 desta Lei".

Ora, os referidos parágrafos tratam exatamente das ações por quantia ilíquida, das ações trabalhistas em sua fase de conhecimento e das execuções fiscais, relativamente as quais o despacho que autorizar o processamento da recuperação judicial não determinará suspensão.

20. Participação do reclamante trabalhista e do credor trabalhista retardatário na assembléia geral

A exigüidade dos prazos previstos para convocação da assembléia geral que deverá analisar o plano de recuperação do devedor, a ser instalada no prazo de até 150 dias da data de deferimento do processamento (§ 1º do artigo 56), traz preocupação quanto à representação dos titulares de créditos trabalhistas. É notório que nesse curto lapso de tempo não estarão julgadas definitivamente as reclamações trabalhistas.

Em vista dessa realidade, o legislador estabeleceu duas regras que se aplicam exclusivamente para essa classe de credores:

1) os credores trabalhistas retardatariamente habilitados poderão votar (privilégio do artigo 10 § 1º); e,

2) na classe dos credores trabalhistas exclusivamente quanto à aprovação do plano de recuperação, adotou-se o princípio da aprovação por maioria simples dos presentes na assembléia, independentemente do valor do crédito (artigo 45, § 2º), que presumivelmente até essa data não estaria definido.

Mas, de qualquer sorte, para poder votar na assembléia, deverá o obreiro obter, no mínimo, o deferimento de pedido de reserva, pois sem a formação do título executivo judicial trabalhista e à míngua de inclusão do crédito nas relações oferecidas pelo devedor ou pelo administrador, será a única alternativa que lhe resta, conforme a previsão do artigo 39.

Assim, o que se anuncia é a avalancha, agora, de pedidos de reserva, até então um instrumento de uso restrito e que será ordinarizado.

A situação é ainda mais difícil para o reclamante, quando não estiver em discussão o valor do crédito, e sim a existência ou não do vínculo de emprego (reclamatória de reconhecimento de vínculo empregatício), quando mais percalços enfrentará para obter o deferimento de pedido de reserva de valor.

21. Fim do prazo de suspensão na recuperação judicial

Peremptória disposição do artigo 6º, § 4º, reza que "na recuperação judicial, a suspensão de que trata o *caput* deste artigo em hipótese nenhuma excederá o prazo improrrogável de 180 (cento e oitenta) dias contado do deferimento do processamento da recuperação, restabelecendo-se, após o decurso do prazo, o direito dos credores de iniciar ou continuar suas ações e execuções, independentemente de pronunciamento judicial".

Ora, mais uma vez o correto entendimento da norma demanda interpretação integrativa, pois sobrevindo aprovação do plano de recuperação judicial, ocorre a figura da novação, nos termos do artigo 59, e essa representa hipótese de adimplemento da obrigação, razão pela qual se interromperão definitivamente os prazos prescricionais, e as execuções não poderão prosseguir, por superveniência de causa extintiva., com exceção da execução que recaia sobre as garantias, na forma do artigo 59, como será visto mais adiante.

Seção II
Da Verificação e da Habilitação de Créditos (artigos 7º a 19)

Em relação ao sistema anterior, a nova lei trouxe modificação conceitual.

22. Arrolamento dos credores

Os credores devem ser relacionados, e seus créditos, classificados, em três momentos distintos:

1º) na relação trazida pelo próprio devedor, consistente na lista nominal completa dos credores, inclusive aqueles por obrigação de fazer ou de dar, com a indicação do endereço de cada um, a natureza, a classificação e o valor atualizado do crédito, discriminando sua origem, o regime dos respectivos vencimentos e a indicação dos registros contábeis de cada transação pendente (artigo 51, III, e 99, III);

2º) na relação elaborada pelo administrador judicial, a partir do rol oferecido pelo devedor, após verificação de sua consistência, confrontando-a com os registros contábeis e documentos da contabilidade da empresa, além de outros elementos que venham a ser oferecidos pelos credores, a partir de habilitações de créditos tempestivamente oferecidas;

3º) no Quadro-Geral de Credores, assinado pelo administrador e pelo juiz, após a verificação dos créditos e julgamento de todas as habilitações e impugnações.

23. Obrigação do devedor relacionar os credores

Ao devedor compete apresentar a relação nominal completa dos credores, inclusive aqueles por obrigação de fazer ou de dar, com a indicação do endereço de cada um, a natureza, a classificação e o valor atualizado do crédito, discriminando sua origem, o regime dos respectivos vencimentos e a indicação dos registros contábeis de cada transação pendente nominativa de seus credores, bem como a natureza e a importância de seus créditos. Isso ocorrerá em três hipóteses:

1º) quando ajuizar pedido de recuperação judicial (artigo 52, § 1º, III), sob pena de indeferimento da inicial;

2º) quando tiver sua falência decretada, no prazo de 5 dias, sob pena de desobediência (artigo 99, III); ou,

3º) quando requerer sua autofalência (artigo 105, II), com a petição inicial.

24. Publicidade das relações de credores

A lei tem por escopo dar maior publicidade no arrolamento dos respectivos créditos.

Deverá o administrador providenciar a publicação das relações em dois momentos:

1º) aquela oferecida pelo devedor, será tornada pública conjuntamente com o edital inaugural do artigo 52, § 1º;

2º) a relação consolidada pelo administrador, será publicada em edital próprio previsto no artigo 7º, § 2º.

25. Consolidação e publicação do Quadro Geral de Credores

Após o julgamento das habilitações e das impugnações às relações de credores, será consolidado e publicado o Quadro Geral de Credores (artigo 18, parágrafo único).

Como visto, portanto, foi dado especial relevo à relação de credores compulsada pelo administrador e aquela, se não for impugnada, valerá como Quadro Geral de Credores (artigo 14), cuja publicação, nessa hipótese, será dispensada (artigo 18).

O Quadro Geral de Credores, uma vez consolidado e publicado, não mais poderá ser alterado, exceto pelo ajuizamento da ação prevista no artigo 19, como será visto adiante.

26. Verificação dos créditos

Ao administrador judicial compete proceder à verificação da relação trazida pelo devedor, confrontando-a com a contabilidade e os documentos a que tiver acesso, podendo contar para isso com o auxílio de peritos ou empresa especializada.

A verificação de créditos é ato do administrador, enquanto a habilitação ou impugnação são as medidas de que dispõem os credores para habilitar os créditos não incluídos nas relações publicadas, ou para impugnar inexatidões e erros.

Para proceder à verificação dos créditos e organizar a relação de credores, o administrador dispõe de prazo total de 60 dias, contados da publicação do primeiro edital, que é a soma dos prazos previstos nos §§ 1º e 2º do artigo 7º.

Assim, após o encerramento do prazo de 15 dias da publicação do primeiro edital, com o recebimento das habilitações de crédito tempestivas, terá o administrador prazo de 45 dias para analisá-las e consolidar essa relação de credores, fazendo-a publicar novamente (edital do artigo 7º, § 2º).

O administrador dispõe de amplos poderes para ratificar ou retificar, motivadamente, a relação oferecida pelo devedor, bem acolher ou não os créditos tempestivamente habilitados. A lei é omissa, mas é dever do administrador oferecer parecer às habilitações tempestivas, indicando sucintamente as razões do acolhimento ou desacolhimento, com indicação dos documentos que fundamentam o pleito e o extrato da conta contábil, como era exigido na legislação anterior. Ao excluir ou retificar créditos relacionados, tais atos deverão ser igualmente motivados, apresentando o administrador ao juiz, ao Comitê de credores e às partes as razões do seu convencimento. Bem fará o administrador judicial, apesar do silêncio da lei, se fizer constar na publicação prevista no artigo 7º, § 2º, além dos créditos admitidos, menção a eventuais habilitações não-acolhidas, para que os interessados promovam a impugnação que lhes caiba, incidente que determinará o pronunciamento judicial definitivo sobre o tema.

Também, na falência, deverá o administrador fazer a verificação preliminar dos créditos, porque assim o determina o artigo 99, § 1º, dispositivo também aplicável à autofalência (artigo 107).

27. Das habilitações tempestivas

Sendo omissa a relação de credores apresentada pelo devedor, o credor interessado pode habilitar seu crédito, na forma do artigo 7º, § 1º, apresentando os documentos comprobatórios do mesmo e outros previstos no artigo 9º, no prazo de até 15 dias contados da publicação do edital do artigo 52, § 1º.

A nova lei, nesse particular, promoveu alteração significativa, que para ser efetiva demandaria regulação adequada.

Determina que a habilitação tempestiva seja feita diretamente ao administrador, não prevendo sua autuação, embora o artigo 9º exija que o credor atenda a uma série de requisitos formais.

Não será afrontoso à legislação que o Judiciário prossiga atuando da forma como sempre fez, recebendo, autuando e numerando as habilitações tempestivas.

Vale observar que se a intenção do legislador fosse a de repassar essa tarefa ao administrador, deveria o artigo 22 prever dentre os deveres que lhe incumbem o de receber e organizar as habilitações, procedimento regular, a impor, por exemplo, fornecimento de protocolo de recepção, e a responder ao credor sobre a aceitação ou não de sua pretensão, o que demandaria estrutura nem sempre existente em escritórios particulares, ou mesmo em empresas. No entanto, o novo sistema já vem sendo implantado nas varas especializadas.

O administrador procederá, em relação às habilitações tempestivas, à competente verificação, incluindo os créditos tempestivamente habilitados na relação que organizará, classificando-os conforme sua natureza.

28. Das habilitações retardatárias

A inobservância do prazo para habilitação não impede o credor de vir a fazê-lo, no prazo de até 10 dias contados da publicação do edital previsto no artigo 7º, § 2º (relação de credores verificada pelo administrador), mas já então será considerado credor retardatário (artigo 10).

O credor pode, ainda, a qualquer tempo, habilitar retardatariamente seu crédito, mas deve fazê-lo, impreterivelmente, até a publicação do Quadro Geral de Credores, pois do contrário será compelido a valer-se da ação prevista no artigo 19, cujo procedimento é o comum ordinário estabelecido pelo CPC.

A habilitação retardatária será autuada em separado e submeter-se-á a julgamento (sentença), na mesma forma que as impugnações, como demanda o artigo 10, § 5º.

29. Efeitos da contumácia do credor

Na legislação anterior, a classificação das habilitações entre tempestivas e retardatárias não trazia maior efeito prático. No máximo, tal fosse o retardo na habilitação, perderia o credor da massa falida o direito aos rateios já distribuídos.

Essa regra permanece (artigo 10, § 1º). Porém, a contumácia do credor veio a ser sancionada mais gravemente:

> 1) Na recuperação judicial retirará o direito a voto na assembléia de credores, a menos que se trate de crédito trabalhista, aos quais foi assegurado o direito de representação, mesmo se tratando de credor retardatário (artigo 10, § 1º);
>
> 2) No processo de falência, as conseqüência são de três ordens: deverá o habilitante pagar custas para ver distribuída sua habilitação, com o que supõe-se (o legislador não o diz claramente) deva ser gratuita a habilitação tempestiva; não terá direito a voto nas deliberações da assembléia-geral de credores; não fará jus aos acessórios (juros) vencidos no período que vai do término do prazo de habilitação à data de sua efetiva interposição.

Em verdade, o credor retardatário somente fica impossibilitado de exercer seu direito de voto na assembléia geral se esta for realizada antes da publicação do quadro geral de credores.

30. Das impugnações

Como visto, a habilitação é o meio processual de que dispõe o credor para obter a inclusão de seu crédito no rol respectivo, quando omissa a relação prévia, visando que aquele conste no Quadro Geral de Credores.

A impugnação, por sua vez, é o meio processual que a lei adotou para retificação ou exclusão de crédito relacionado pelo devedor ou pelo administrador, em suas respectivas relações, ou ainda para opor-se à habilitação de determinado crédito, por divergência quanto à importância, classificação ou legitimidade.

Estão legitimados ao oferecimento de impugnação qualquer credor, o devedor, seus sócios ou o Ministério Público, nos seguintes prazos:

Tratando-se de impugnação à relação apresentada pelo devedor, em até 15 dias contados da publicação do edital do artigo 52, § 1º;

Tratando-se de impugnação à relação organizada pelo administrador, em até 10 dias contados da publicação do edital previsto no artigo 7º, § 2º.

Esses prazos são, efetivamente, preclusivos.

Na forma do artigo 10, § 5º, as habilitações de crédito retardatárias, se apresentadas antes da homologação do quadro-geral de credores, serão recebidas como impugnação e processadas na forma dos arts. 13 a 15.

31. Do procedimento das impugnações

Oferecida impugnação, os impugnados serão ouvidos, no prazo de 5 dias (artigo 11). Transcorrido o prazo do artigo 11 desta Lei, o devedor e o Comitê, se houver, serão intimados pelo juiz para se manifestar sobre ela no prazo comum de 5 (cinco) dias (artigo 12).

Após, o administrador judicial será intimado pelo juiz para emitir parecer no prazo de 5 (cinco) dias, devendo juntar à sua manifestação o laudo elaborado pelo profissional ou empresa especializada, se for o caso, e todas as informações existentes nos livros fiscais e demais documentos do devedor acerca do crédito, constante ou não da relação de credores, objeto da impugnação.

32. Do julgamento das impugnações

Um dos fatores de retardamento dos processos de falências e concordatas, pela legislação anterior, era a dispersão na tramitação das habilitações, com o que, a existência de uma única demanda pendente servia de razão para adiar pagamentos aos demais credores. A Lei 11.101/2005 tenta resolver esse problema, estabelecendo a tramitação e o julgamento conjuntos de todas as impugnações ou habilitações a elas equiparadas.

Assim, dispõe o artigo 15 que, transcorridos os prazos previstos nos arts. 11 e 12 desta Lei, os autos de impugnação serão conclusos ao juiz, que:

I – determinará a inclusão no quadro-geral de credores das habilitações de créditos não impugnadas, no valor constante da relação referida no § 2º do artigo 7º desta Lei;

II – julgará as impugnações que entender suficientemente esclarecidas pelas alegações e provas apresentadas pelas partes, mencionando, de cada crédito, o valor e a classificação;

III – fixará, em cada uma das restantes impugnações, os aspectos controvertidos e decidirá as questões processuais pendentes;

IV – determinará as provas a serem produzidas, designando audiência de instrução e julgamento, se necessário.

Para resguardar o interesse dos credores, cujas impugnações ofereçam maior complexidade, o artigo 16 estabelece que o juiz determinará, para fins de rateio, a reserva de valor para satisfação do crédito impugnado, assim como garante, em seu parágrafo único, que, sendo parcial a impugnação, não impedirá o pagamento da parte incontroversa.

Mudança significativa em relação ao regime anterior é, sem dúvida, a adoção do agravo como recurso cabível da decisão que acolhe ou rejeita o incidente (artigo 17). O parágrafo único do artigo 18, no entanto, qualifica a decisão judicial que julga impugnação como sentença, sendo essa a natureza do provimento judicial.

O parágrafo único prevê que, recebido o agravo, o relator poderá conceder efeito suspensivo à decisão que reconhece o crédito. Poderá, ainda, atribuir o chamado suspensivo ativo, quando a sentença rejeitar a inclusão do crédito, podendo o relator, em liminar, determinar a inscrição do mesmo para fins de exercício de direito de voto em assembléia geral.

Poderá, ainda liminarmente, modificar o seu valor ou classificação no Quadro Geral de Credores.

Processadas as habilitações e impugnações, compete ao administrador consolidar e publicar, em cinco dias, o Quadro Geral de Credores, visto como a culminância de um processo de discussão, após o julgamento de todas as habilitações e impugnações (artigo 18).

Como já mencionado, na hipótese de inexistirem impugnações à relação publicada de ofício pelo administrador (artigo 7º), esta poderá ser homologada pelo juiz, dispensada a publicação do Quadro Geral de Credores (7º, § 2º).

Sem dúvida, a publicação do Quadro Geral de Credores não depende da solução definitiva de todas as impugnações, ou ainda de todas as ações em curso contra o devedor, o que é causa do retardamento dos processos no sistema atual.

Tal é o entendimento que deflui do disposto no artigo 18, parágrafo único, em combinação com o artigo 15, que prevê que o juiz ordenará a inclusão no quadro dos créditos não impugnados e daqueles cujas impugnações já foram julgadas.

Os litígios que demandem produção de prova exauriente prosseguirão, assegurada a reserva de valores para atendimento futuro desses créditos (artigo 16).

Ora, esse conjunto de normas pressupõe que, oportunamente, caso venham a ser julgados habilitados novos créditos, sejam organizados pelo administrador quadros de credores suplementares.

33. Prazo para conclusão dos procedimentos da verificação de créditos na recuperação judicial

Prescreve o § 1º do artigo 56, que a data designada para a realização da assembléia geral não excederá 150 (cento e cinqüenta) dias contados do deferimento do processamento da recuperação judicial.

Portanto, é de rigor a observância dos prazos para processamento das impugnações e publicação do Quadro Geral de Credores, o qual não poderá exceder esse prazo, sob pena de inviabilizar a realização da solenidade.

O devedor será o primeiro a exigir o cumprimento estrito desses prazos, pois em não sendo apreciado seu pedido nesse ínterim, após 180 dias voltam a correr os prazos prescricionais, ações e execuções que estavam suspensos.

Assim, embora a lei não o diga claramente, quem der causa ao retardo estará inviabilizando o exercício de um direito público subjetivo do devedor, com sérias repercussões, a ensejar toda uma gama de conseqüências, seja no campo disciplinar para aqueles agentes públicos aos quais incumbe cumprir e fazer cumprir a lei, seja no âmbito da responsabilidade civil.

O modelo é inédito no ordenamento jurídico brasileiro e resta aguardar como será recebido e aplicado pelo Judiciário, com as limitações materiais e de estrutura de todos conhecidas.

34. Mudança de enfoque da nova lei

O legislador atribuiu considerável importância à atuação do administrador, nesse primeiro momento processual, tirando-o da posição meramente passiva em que era visualizada sua atuação na legislação anterior, quando se limitava a avisar os credores e aguardar as habilitações dos interessados.

O fito da lei é o de se evitarem as simulações de créditos, que tanto serviam para exaurir recursos da massa, direcionando-os indevidamente para pessoas ligadas ao falido, como também visavam a manipular o controle direto do processo por pessoa da confiança do devedor. Com a sistemática proposta, o escopo da lei é de haurir maior publicidade e controle do Judiciário no processo da verificação dos créditos e sua habilitação. Essa medida soma-se a outras, como a limitação do valor da preferência do crédito trabalhista a 150 salários mínimos (artigo 83, I) e a tipificação do crime de habilitação ilegal de crédito (artigo 175).

Em relação à recuperação judicial, como visto, nem pelas deficiências da estrutura judicial há como se subtrair à observância dos prazos legais. Na falência, a possibilidade de vir a ser bem cumprido o mister do auxiliar do juízo depende, por certo prisma, da colaboração do devedor, a qual, não sendo efetiva, resultará em dificuldade para realização do exame prévio do passivo existente.

Como os prazos assinados na lei são interdependentes, a demora na apresentação da relação pelo devedor, ou na sua verificação pelo administrador, postergará pela força dos fatos a publicação do edital do 7°, § 2°, resultando em prejuízo aos credores.

Quando o devedor falido estiver presente e facultar acesso aos livros e documentação, a norma é factível. Quando se tratar de falido ausente, como ocorre na grande maioria dos casos de falências frustradas, a verificação dos créditos pelo administrador é inexeqüível.

De outro lado, pela regra anterior, se desinteressados fossem, os credores omitiam-se de realizar novas despesas para habilitação de seus créditos, nem sempre recuperáveis diante da pouca representatividade da massa, e com isso favoreciam a recuperação do falido, através da possibilidade de obter a concordata suspensiva, pela redução do passivo habilitado na falência, menor do que o passivo real.

Essa sutileza na ponderação das soluções legislativas diante da realidade dos fatos e do processo é fator preponderante a ser analisado, quando em questão as motivações da lei. Além de coibir eventuais fraudes, teve-se em vista o interesse do credor, facilitando a proteção de direitos no mais das vezes disponíveis, quando o argumento principal da reforma que se propunha era o da recuperação da empresa devedora. Agora, o passivo a ser enfrentado pela empresa é o da totalidade de suas dívidas, nunca parte deste, dificultando, sem dúvida, o processo de recuperação.

35. Ação rescisória especial falencial

Com a publicação do quadro geral de credores, ou com a homologação da relação de credores organizada pelo administrador, na forma do artigo 14, cessa o direito de o credor habilitar retardatariamente o crédito que eventualmente titule.

Cessa, também, para o credor, o devedor, o administrador ou o Ministério Público, a possibilidade de impugnar créditos que estejam inscritos nos aludidos quadros.

Processualmente, porém, esses interessados dispõem da ação prevista no artigo 19, que se regerá pelas normas de processo civil, demandando, pois, citação pessoal, contraditório pleno e duplo grau de jurisdição.

Demonstrando a vitalidade científica do Decreto-Lei de 1945, onde era prevista, em seu artigo 99, a ação revisional falencial ou rescisória especial falencial, permite a desconstituição da sentença de mérito transitada em julgado contra massa falida, ou empresa em recuperação, bem como da sentença que seja meramente homologatória de transação judicial, diferenciando-se, tanto da ação rescisória comum (artigo do 485 do CPC), como da ação anulatória (artigo 486).

A nova regra criou a possibilidade de dissociação do foro de competência para o ajuizamento da referida ação, que no regime anterior era exclusiva do juízo da falência, e ora passa a ser facultativo, para possibilitar ao autor o ingresso da ação no juízo que proferiu a decisão rescindenda. O legislador teve em vista, ao que parece, mais uma vez, o uso indevido da Justiça do Trabalho, mostrando preocupação com a possibilidade de simulação de créditos preferenciais.

Seção III
Do Administrador Judicial e do Comitê de Credores (artigos 21 a 34)

36. Do administrador judicial

O administrador judicial será nomeado pelo juiz (artigos 52, I, e 99, IX). Assim, a nova lei consagrou o sistema de eleição do administrador como função auxiliar da Justiça, de livre escolha e confiança do juiz de primeiro grau que preside o feito, preferencialmente dentre os profissionais que a lei enumera, acolhendo a sistemática que a prática processual consagrara já na vigência do sistema anterior, em que pese contrária à letra fria da lei. Portanto, afastado está o direito de o credor exercer essa missão, preservada sua participação no comitê, se houver, e assegurado o direito à fiscalização e às impugnações que a lei prevê.

Na prática forense, essa atividade vem sendo exercida majoritariamente por advogados, explicando-se a opção pelo fato de que se trata de lei complexa a demandar notórios conhecimentos em variados ramos do Direito.

A enumeração do artigo 21 não significa ordem de preferência entre os profissionais, arrolados exemplificativamente, dentre aquelas profissões que reúnem conhecimentos técnicos que capacitem ao exercício da função.

Na verdade, se o administrador for advogado, dependerá certamente de auxiliares, dentre os quais contabilistas, administradores ou economistas. Qualquer um destes, tanto que nomeado, obrigar-se-á a contratar advogado para assessorá-lo e exercer sua representação judicial.

Daí a alusão à possibilidade de nomeação de empresa especializada que, por certo, reunirá um conjunto de profissionais que abranja todas as áreas e que corresponda a estágio superior de profissionalização, necessário diante das novas exigências da lei.

Há certa dificuldade de compreender o sentido da designação de administrador judicial em substituição à correlata figura do comissário, na hipótese de recuperação judicial. Basta confrontar as atribuições dos incisos I e II do artigo 22 para ver que nada administra, não se tornando representante legal da empresa em recuperação. Mesmo no caso de afastamento dos órgãos diretivos da empresa, nomeado será um gestor (35, I, "d" c/c 65), não respondendo o chamado administrador judicial pelos negócios sociais.

Assim, ontologicamente, o chamado administrador judicial no processo de recuperação judicial, à semelhança do comissário na revogada concordata, segue sendo preponderantemente um fiscal e auxiliar do juízo, sem quaisquer poderes de gestão.

São funções do administrador judicial, nos termos do artigo 22:

1. na recuperação judicial e na falência: a) enviar correspondência aos credores constantes na relação de que trata o inciso III do *caput* do artigo 51, o inciso III do *caput* do artigo 99 ou o inciso II do *caput* do artigo 105 desta Lei, comunicando a data do pedido de recuperação judicial ou da decretação da falência, a natureza, o valor e a classificação dada ao crédito;

a) fornecer, com presteza, todas as informações pedidas pelos credores interessados;

b) dar extratos dos livros do devedor, que merecerão fé de ofício, a fim de servirem de fundamento nas habilitações e impugnações de créditos;

c) exigir dos credores, do devedor ou seus administradores quaisquer informações;

d) elaborar a relação de credores de que trata o § 2º do artigo 7º desta Lei;

e) consolidar o quadro-geral de credores nos termos do artigo 18 desta Lei;

f) requerer ao juiz convocação da assembléia-geral de credores nos casos previstos nesta Lei ou quando entender necessária sua ouvida para a tomada de decisões;

g) contratar, mediante autorização judicial, profissionais ou empresas especializadas para, quando necessário, auxiliá-lo no exercício de suas funções;

h) manifestar-se nos casos previstos nesta Lei;

II – na recuperação judicial:

a) fiscalizar as atividades do devedor e o cumprimento do plano de recuperação judicial;

b) requerer a falência no caso de descumprimento de obrigação assumida no plano de recuperação;

c) apresentar ao juiz, para juntada aos autos, relatório mensal das atividades do devedor;

d) apresentar o relatório sobre a execução do plano de recuperação, de que trata o inciso III do *caput* do artigo 63 desta Lei;

III – na falência:

a) avisar, pelo órgão oficial, o lugar e hora em que, diariamente, os credores terão à sua disposição os livros e documentos do falido;

b) examinar a escrituração do devedor;

c) relacionar os processos e assumir a representação judicial da massa falida;

d) receber e abrir a correspondência dirigida ao devedor, entregando a ele o que não for assunto de interesse da massa;

e) apresentar, no prazo de 40 (quarenta) dias, contado da assinatura do termo de compromisso, prorrogável por igual período, relatório sobre as causas e circunstâncias que conduziram à situação de falência, no qual apontará a responsabilidade civil e penal dos envolvidos, observado o disposto no artigo 186 desta Lei;

f) arrecadar os bens e documentos do devedor e elaborar o auto de arrecadação, nos termos dos arts. 108 e 110 desta Lei;

g) avaliar os bens arrecadados;

h) contratar avaliadores, de preferência oficiais, mediante autorização judicial, para a avaliação dos bens caso entenda não ter condições técnicas para a tarefa;

i) praticar os atos necessários à realização do ativo e ao pagamento dos credores;

j) requerer ao juiz a venda antecipada de bens perecíveis, deterioráveis ou sujeitos a considerável desvalorização ou de conservação arriscada ou dispendiosa, nos termos do artigo 113 desta Lei;

l) praticar todos os atos conservatórios de direitos e ações, diligenciar a cobrança de dívidas e dar a respectiva quitação;

m) remir, em benefício da massa e mediante autorização judicial, bens apanhados, penhorados ou legalmente retidos;

n) representar a massa falida em juízo, contratando, se necessário, advogado, cujos honorários serão previamente ajustados e aprovados pelo Comitê de Credores;

o) requerer todas as medidas e diligências que forem necessárias para o cumprimento desta Lei, a proteção da massa ou a eficiência da administração;

p) apresentar ao juiz para juntada aos autos, até o 10º (décimo) dia do mês seguinte ao vencido, conta demonstrativa da administração, que especifique com clareza a receita e a despesa;

q) entregar ao seu substituto todos os bens e documentos da massa em seu poder, sob pena de responsabilidade;

r) prestar contas ao final do processo, quando for substituído, destituído ou renunciar ao cargo.

Relativamente, na falência, à semelhança da antiga figura do síndico, é induvidosa a sua atuação como efetivo administrador e com atribuições, senão idênticas, análogas às daquele. Assim, cabe ao administrador judicial, na falência, ser o propulsor do andamento do processo, praticando de ofício diversos atos, previstos nas alíneas do artigo 22, I e III, que englobam, em grandes linhas, as seguintes atividades:

1. Conduzir a primeira etapa da fase informativa da falência, através da apresentação do primeiro relatório, agora com prazo ampliado, examinando a contabilidade do falido, obviamente com o concurso de perito se ele mesmo não for expert em ciência contábil, peça esta que constituirá a base para apuração de eventuais crimes falimentares (artigo 22 § 4º), que servirá de subsídio ao Ministério Público;

2. Arrecadar e avaliar os bens do falido, tomando todas as medidas conservatórias do acervo;

3. Proceder à verificação do passivo, consolidando o quadro-geral de credores;

4. Representar judicialmente a massa falida ativa e passivamente;

5. Conduzir a fase de liquidação da falência, realizando os atos relativos à alienação dos bens da massa e pagamento aos credores.

37. Do Comitê de Credores

Novidade é a regulamentação do Comitê de Credores, de caráter não-obrigatório. Um dos defeitos da lei nova é a dispersão e falta de unidade normativa, com o que os preceitos relativos à forma de constituição e composição do comitê são regrados, em dispositivos esparsos, nos artigos 26, 52 e 99, que rezam:

Artigo 26. O Comitê de Credores será constituído por deliberação de qualquer das classes de credores na assembléia-geral e terá a seguinte composição:

I – 1 (um) representante indicado pela classe de credores trabalhistas, com 2 (dois) suplentes;

II – 1 (um) representante indicado pela classe de credores com direitos reais de garantia ou privilégios especiais, com 2 (dois) suplentes;

III – 1 (um) representante indicado pela classe de credores quirografários e com privilégios gerais, com 2 (dois) suplentes.

§ 1º A falta de indicação de representante por quaisquer das classes não prejudicará a constituição do Comitê, que poderá funcionar com número inferior ao previsto no *caput* deste artigo.

§ 2º O juiz determinará, mediante requerimento subscrito por credores que representem a maioria dos créditos de uma classe, independentemente da realização de assembléia:

I – a nomeação do representante e dos suplentes da respectiva classe ainda não representada no Comitê; ou

II – a substituição do representante ou dos suplentes da respectiva classe.

§ 3º Caberá aos próprios membros do Comitê indicar, entre eles, quem irá presidi-lo.

Artigo 52. (...)

§ 2º Deferido o processamento da recuperação judicial, os credores poderão, a qualquer tempo, requerer a convocação de assembléia-geral para a constituição do Comitê de Credores ou substituição de seus membros, observado o disposto no § 2º do artigo 36 desta Lei.

Artigo 99. A sentença que decretar a falência do devedor, dentre outras determinações: (...) XII – determinará, quando entender conveniente, a convocação da assembléia-geral de credores para a constituição de Comitê de Credores, podendo ainda autorizar a manutenção do Comitê eventualmente em funcionamento na recuperação judicial quando da decretação da falência;

Chama a atenção a composição do Comitê, preservando em separado os detentores de garantias reais da dos créditos quirografários, além da classe dos credores trabalhistas (artigo 26).

Não é disparate prever que, na classe dos quirografários, a soma do valor dos créditos dos bancos também suplante a dos demais integrantes, alvitrando a possibilidade de vir o sistema financeiro a ter seus interesses superiormente representados.

Os credores com privilégios foram reunidos com os quirografários e isso se explica pelo fato de que, por aplicação da regra prevista no parágrafo único do artigo 67, os fornecedores, credores originariamente quirografários, que continuarem fornecendo bens e serviços ao devedor durante a recuperação, poderão progredir na classificação de seu crédito em caso de quebra até o limite do valor dos bens e serviços fornecidos à empresa em recuperação. Posto isso, não haveria como dissociá-los em duas classes distintas.

38. Impedimentos para nomeação às funções de administrador e integrante do Comitê

Os impedimentos para integrar comitê de credores ou funcionar como administrador judicial estão catalogados no artigo 30.
São eles:

1) a inidoneidade, por ter sido destituído, ou deixado de prestar contas dentro dos prazos legais ou ter a prestação de contas desaprovada, nos últimos 5 (cinco) anos, no exercício de função análoga;

2) a relação de parentesco ou afinidade até o 3º (terceiro) grau com o devedor, seus administradores, controladores ou representantes legais ou deles ser amigo, inimigo ou dependente.

39. Remuneração

A atividade do administrador é remunerada, em conformidade com o que decidir o juiz, observada a capacidade de pagamento do devedor e atendidos a complexidade do trabalho e os valores praticados no mercado para desempenho de atividades semelhantes, nos termos do artigo 24, *caput*. Suportará o pagamento, o devedor ou a massa falida, até o limite de 5% (inferior ao da legislação revogada), percentual esse que incidirá sobre o montante pago aos credores, no caso de Recuperação Judicial, ou sobre o valor de venda dos bens arrecadados, se massa falida.

A redação desse artigo 24, § 3º, parece destinada a causar polêmica, pois o valor de venda nem sempre é o efetivo preço pelo qual determinado bem foi alienado, não guardando necessária equivalência com o produto que reverterá à massa falida, que poderá, na prática, ser maior ou menor que o de avaliação.

Todavia, há de ser corretamente interpretado o dispositivo, pois pela sistemática adotada, agora, a remuneração do administrador deverá ser paga em parte antecipadamente, como preconiza o § 2º do precitado artigo 24.

Assim, o valor devido ao administrador poderá ser pago adiantadamente, até perfazer o máximo de 3/5 partes de 5% do valor de avaliação. Evidentemente que, após concluída a liquidação, as antecipações deverão ser amortizadas e compensadas para totalizar a remuneração do administrador, pagando-se a diferença acaso existente até o percentual máximo de 5%, agora incidente sobre o ativo liquidado.

40. Reembolso de despesas dos integrantes do comitê

As funções dos integrantes do comitê de credores, por seu turno, não são remuneradas. Porém, a lei cria mais despesas para a massa ou para a empresa em recuperação, normatizando a possibilidade de cobrarem pelas despesas que fizerem para realização de seus misteres.

Se a lei faculta, é óbvio que tais despesas serão cobradas, parecendo previsível que poderão ser de monta em alguns casos. Suponhamos que o Comitê necessite contratar, por exemplo, auditores para embasamento técnico de seus pareceres, tornados obrigatórios em muitos casos (v.g arts. 22, III, § 3º, 27, I, "d" entre outros), além de despesas de viagem e outras, por sinal, também exigíveis pelo administrador, pelo gestor, pelo perito, dentre outros, além das remunerações destes e outros auxiliares, como vigilantes, advogados etc., tudo isso a desvelar um processo de custo altíssimo para a parte, ou, em caso de falência, para a massa de credores.

41. Extraconcursalidade da remuneração e despesas

Essas remunerações foram tornadas extraconcursais, ou seja, não integram o quadro de credores e são pagas anteriormente a quaisquer outros créditos (artigo 84, I), o que atende à necessidade de viabilizar o processo judicial que, modo contrário, somente poderia ser assumido por profissionais remunerados pelos cofres públicos. Assim, a nova lei torna letra morta o enunciado da Súmula 219 do STJ, que não mais poderá ser aplicado aos processos de falência.

42. Destituição e substituição do administrador

A lei prevê as hipóteses de destituição e de substituição do administrador, sendo certo que ambas não se confundem. Sendo o administrador nomeado sob requisito de confiança pessoal do juiz que preside o feito, sua substituição será fato corriqueiro, agora, até mesmo diante da eventual remoção do juiz titular pela natural progressão em sua carreira, aposentadoria etc. Mas, sob argumento algum essa substituição priva o profissional dos honorários a que faça jus, proporcionais ao trabalho que tenha realizado até o momento da substituição.

Já a destituição é pena, aplicável somente em casos de faltas graves, e como tal, não pode ser aplicada sem o devido direito de defesa, como assegura a Constituição, em seu artigo 5º, inciso LV, que proclama: "aos litigantes, em processo judicial ou administrativo, e aos acusados em geral, são assegurados o contraditório e ampla defesa, com os meios e recursos a ela inerentes".

Esse preceito se aplica tanto à destituição de ofício ou a requerimento de "qualquer interessado", determinada pelo juiz, em caso de alegado descumprimento de deveres, omissão, negligência ou prática de ato lesivo às atividades do devedor ou de terceiro, como previsto no artigo 31; e, também, na prerrogativa em igual sentido atribuída à assembléia geral, nos termos do artigo 37, § 1º.

O direito de defesa é norma de sobredireito e apanágio do Estado de Direito, o que já vinha sufragado pela Jurisprudência formada sob a vigência do Decreto-Lei 7.661/45.[3]

Regularmente aplicada, a sanção gera efeito punitivo ao profissional, prejudicando-lhe a percepção de honorários e a possibilidade de nomeação em outros feitos. Mas dita pena não é e nem poderia ser eterna, ficando o profissional reabilitado após o decurso de 5 anos.

43. Das atribuições do Comitê de Credores

Com a instauração do Comitê de Credores, restará esvaziado o poder do administrador judicial que, na prática, deverá compartilhar com os representantes dos credores todas as deliberações relevantes à administração ou fiscalização das atividades do devedor, submetendo-as, somente após a oitiva do colegiado, ao juiz da causa. Dentre as previsões do artigo 27, afora as genéricas obrigações de fiscalização e zelo pelo bom andamento da lei, destacam-se como incumbências maiores do Comitê a de examinar as contas do administrador, emitindo parecer (artigo 27, I, "a"); denunciar ao juiz a violação de direitos ou prejuízos aos interesses dos credores (artigo 27, I, "c"); apurar reclamações dos interessados (artigo 27, I "d"); prestar relatório mensal quanto às atividades do devedor em recuperação, fiscalizando a execução do respectivo plano (artigo 27, II, "a" e "b"); e submeter à autorização do juiz, nas hipóteses de afastamento do devedor, atos de alienação de bens do ativo permanente, constituição de ônus reais e outras garantias, ou de endividamento, durante o período que antecede à aprovação do plano de recuperação, além de outras incumbências.

Dentre estas outras previsões esparsas está a do artigo 22, III, "n", de aprovar os honorários dos advogados contratados pelo administrador judicial para defender a massa falida.

A previsão é, no mínimo, inocente, pois são exatamente os credores, as partes opostas à massa nas ações, que o síndico deverá fazer-se representar judicialmente e à massa. Pode-se prever, pois, a atuação decidida dos credores em amesquinhar os honorários do patrono da massa contra a qual litigam.

É de se alertar que, embora a lei não o diga claramente, a figura do Comitê somente terá lugar em processos de recuperação e falência de maior vulto ou naqueles em que verifique o juiz ser conveniente subministrar maior vigilância dos interessados sobre a conduta do

---

[3] Agravo de Instrumento nº 120.571-4/5 – Tribunal de Justiça do Estado de São Paulo – 3ª Câmara de Direito Privado – publicado no Diário Oficial do Estado de São Paulo edição do dia 26.11.1999.

devedor. Os profissionais que possuem vivência não apenas acadêmica sabem que há processos que ao ingressar no Foro, desde logo, tornam-se alvos de suspeições, comentários e insinuações. Outros, uma vez distribuídos, são acompanhados com vivo interesse por apenas um ou alguns interessados.

Ainda outros despertam comoções públicas reações políticas, movimentações de pessoas e até passeatas de trabalhadores.

São situações que ocorrem no cenário forense, intimamente ligadas à realidade social. Sempre que se defronte com elas, ao natural, o magistrado experiente ministra alguma cautela maior: nomeia um administrador com maior bagagem, dá-lhe instruções específicas, designa audiência com representantes dos credores, sindicatos, etc. Agora esse magistrado conta com a possibilidade de convocar a assembléia geral para eleição do Comitê de Credores. Ao outorgar ao juiz esse poder, a lei teve em vista essa realidade.

Não será para todos os casos, evidentemente, até pelo custo que enseja e por burocratizar os procedimentos. Em qualquer hipótese, porém, poderão os interessados suscitar a convocação, na forma do artigo 26, § 2º.

Vale, aos credores, a mesma observação.

Comedimento no uso por mera emulação da prerrogativa legal.

44. Responsabilidades dos órgãos da falência ou processo de recuperação judicial

Serão sempre decorrentes de culpa ou dolo, inadmitida a responsabilidade objetiva (artigo 32). O dissidente em deliberação do Comitê deverá consignar em ata sua discordância para eximir-se da responsabilidade.

Seção IV
Da Assembléia-Geral de Credores
(artigos 35 a 46)

Como órgão de deliberação coletiva, a lei instituiu a assembléia-geral de credores, cuja obrigatoriedade de convocação pela legislação anterior resumia-se a poucos casos.

Agora, sua instalação será imperativa, sempre que o plano de recuperação oferecido pelo devedor venha a ser objetado por credor (artigo 56). Com isso, passa a ter crucial importância para o exercício dos direitos políticos de representação dos interesses dos credores no processo de recuperação judicial.

Se, todavia, os credores nada objetarem, a realização de assembléia não é obrigatória. Também na falência, somente excepcionalmente deverá ser convocada. São atribuições da Assembléia-Geral de Credores:

I – na recuperação judicial:

a) aprovação, rejeição ou modificação do plano de recuperação judicial apresentado pelo devedor;

b) constituição do Comitê de Credores, escolha de seus membros e sua substituição;

c) apreciação do pedido de desistência do devedor, nos termos do § 4º do artigo 52 desta Lei;

d) escolha do nome do gestor judicial, quando do afastamento do devedor;

e) deliberação sobre qualquer outra matéria que possa afetar os interesses dos credores;

II – na falência:

a) a constituição do Comitê de Credores, a escolha de seus membros e sua substituição;

b) a adoção de outras modalidades de realização do ativo, na forma do artigo 145 desta Lei;

c) deliberação sobre qualquer outra matéria que possa afetar os interesses dos credores.

45. *Quorum* de funcionamento

A assembléia geral somente será instalada, em primeira chamada, se presentes credores que totalizem mais da metade dos créditos habilitados. Se esse *quorum* não for atingido, poder-se-á instalar a assembléia em segunda convocação, aí com qualquer *quorum*.

A segunda convocação deverá distar pelo menos cinco dias da primeira. Segundo o artigo 39, terão direito a voto na assembléia geral as pessoas arroladas no quadro geral de credores ou, na sua falta, na relação de credores apresentada pelo administrador judicial na forma do artigo 7º, § 2º, da Lei, ou, ainda, na falta desta, na relação apresentada pelo próprio devedor nos termos dos arts. 51, incisos III e IV do *caput*, 99, inciso III do *caput*, ou 105, inciso II do *caput*, desta Lei, acrescidas, em qualquer caso, das que estejam habilitadas na data da realização da assembléia ou que tenham créditos admitidos ou alterados por decisão judicial, inclusive as que tenham obtido reserva de importâncias, observado o disposto nos §§ 1º e 2º do artigo 10 desta Lei.

46. Convocação

O artigo 36 estabelece as regras de convocação da solenidade, que devem ser estritamente observadas, pena de nulidade do ato. As publicações devem ser feitas no órgão oficial (Diário de Justiça) e em jornais de grande circulação, nas localidades da sede e filiais, exigência que encarece o procedimento da recuperação judicial e não assegura participação efetiva dos interessados. Observe-se que os editais devem circular com antecedência mínima de 15 dias.

Conta-se o referido prazo, regressivamente, desde o dia anterior ao da data prevista para instauração da assembléia, em primeira chamada. Caindo o décimo quinto dia da contagem regressiva em dia não-útil, a publicação deverá ocorrer até o primeiro dia útil anterior.

Mas é preciso estar atento, pois a lei previu que, em segunda chamada, a assembléia não poderá ser realizada em prazo inferior a 5 dias da primeira (artigo 36, I). Assim, no caso da recuperação judicial, a reunião da assembléia em segunda chamada deverá ser marcada para data que não extrapole o prazo de até 150 dias contados da decisão que deferiu o processamento do pedido de recuperação judicial, para que não se extrapole o prazo previsto no § 1º do artigo 56, cuja redação induz em equívoco, se analisada isoladamente.

A Assembléia-Geral de Credores será convocada pelo juiz. Nos termos do artigo 36, § 2º, além dos casos expressamente previstos na Lei, credores que representem no mínimo 25% (vinte e cinco por cento) do valor total dos créditos de uma determinada classe poderão requerer ao juiz a convocação de assembléia geral. Nessa hipótese, os credores devem arcar com as despesas de convocação, o que também ocorrerá na hipótese de requerimento pelo comitê de credores (§ 3º do artigo 36). Nos demais casos, as despesas correm por conta do devedor ou da massa falida, conforme se trate de falência ou de recuperação judicial.

47. Presidência e composição da mesa

Diferentemente da sistemática prevista no revogado Decreto-Lei 7.661/45, a assembléia não será mais presidida pelo juiz, e sim, pelo administrador judicial, que designará um secretário dentre os credores presentes (artigo 37). Mas, reza o § 1º que nas deliberações sobre o afastamento do administrador judicial ou em outras em que haja incompatibilidade deste, a assembléia será presidida pelo credor presente que seja titular do maior crédito.

A primeira parte desse dispositivo, todavia, não tem aplicação, pois a norma que previa a possibilidade de substituição do síndico pela assembléia geral foi vetada, conforme mensagem presidencial de veto à alínea "c" do inciso I e alínea "a" do inciso II do artigo 35.

Na prática processual e judiciária, a só-previsão de que a assembléia de credores deva ou possa se reunir para deliberar sobre afastamento do administrador judicial é, *data venia*, desastrosa. Isso porque, não caberia aos credores deliberarem sobre a permanência de profissional cuja nomeação compete ao prudente escrutínio do juiz. Cabe a este, como autoridade maior do processo, à vista das alegações dos credores, se for o caso, determinar a substituição ou destituição do administrador.

Na condução do feito, jamais o magistrado prudente e maduro poderia deixar ser desprestigiado o auxiliar do juízo, quando este esteja em atuação decidida na defesa dos interesses a ele confiados, o que, muitas vezes, contraria interesses de terceiros. Mas também deverá ser o juiz do processo o primeiro a pôr cobro à atuação eventualmente lesiva do administrador.

Destarte, a previsão de afastamento deste, por decisão assemblear, enfraquece a autoridade da Justiça, colocando seus auxiliares sob o império dos credores, ou parte deles, ou ainda terceiros, cuja atuação nem sempre é voltada à boa condução do processo.

Um processo de falência, e agora o de recuperação judicial, por sua própria natureza, implicam litigiosidade e conflitos de interesses, mostrando-se insensata a proposição que possa enfraquecer a necessária energia com a qual tem de atuar o administrador, como comissário do juiz e representante do Judiciário.

48. Representação dos credores

O credor poderá ser representado na assembléia geral por mandatário ou representante legal, desde que entregue ao administrador judicial, até 24 (vinte e quatro) horas antes da data prevista no aviso de convocação, documento hábil que comprove seus poderes ou a indicação das folhas dos autos do processo em que se encontre o documento (artigo 37, § 54).

Os sindicatos de trabalhadores poderão representar seus associados titulares de créditos derivados da legislação do trabalho ou decorrentes de acidente de trabalho que não comparecerem, pessoalmente ou por procurador, à assembléia (artigo 37, § 5º), regra que não configura nenhum favor, mas é decorrência da garantia constitucional do monopólio da representação sindical (artigo 8, III, da Carta Política).

A lei, no entanto, complica a atuação do sindicato, ao exigir que a entidade apresente a relação de representados 10 dias antes da assembléia e desce à minúcia de esclarecer como dirimir eventual conflito de representação sindical, como se não houvesse, no direito brasileiro, o preceito da unicidade sindical (artigo 8º, II, da Constituição).

Realizada a assembléia, tomadas as deliberações, de tudo lavrar-se-á a competente ata, que será entregue ao juiz em 48 horas.

49. Proporcionalidade do voto

De acordo com o artigo 38, o voto do credor será proporcional ao valor de seu crédito, ressalvado, nas deliberações sobre o plano de recuperação judicial, o disposto no § 2º do artigo 45 desta Lei, que assegura a paridade de voto dos trabalhadores, independentemente do valor de seus créditos.

50. Composição da assembléia e redução dos direitos políticos do crédito trabalhista

Em síntese, o artigo 41 delineia a composição da assembléia geral pelas seguintes classes de credores:

I – titulares de créditos derivados da legislação do trabalho ou decorrentes de acidentes de trabalho;

II – titulares de créditos com garantia real;

III – titulares de créditos quirografários, com privilégio especial, com privilégio geral ou subordinados.

Nos termos do § 1º do artigo 41, "os titulares de créditos derivados da legislação do trabalho votam com a classe prevista no inciso I do *caput* deste artigo com o total de seu crédito, independentemente do valor", ou seja, sem a limitação a 150 salários mínimos, prevista no artigo 83, I.

Desse modo, não há dissociação do credor de sua classe originária em função da exclusão da preferência trabalhista relativamente aos valores que sobejam o limite legal.

O mesmo não ocorre com os titulares de créditos com garantia real, que, nos termos do § 2º, do mesmo artigo 41, votam com a sua classe originária (inciso II do *caput* do artigo 41) somente até o limite do valor do bem gravado e com a classe dos titulares de créditos quirografários, inciso III do *caput* do artigo 41), pelo restante do valor de seu crédito.

Não está clara a motivação do legislador nessa diferença de tratamento. Aparentemente, a redação do § 1º do artigo 41 teria o objetivo de preservar integralmente os direitos políticos do credor trabalhista, não permitindo a dissociação de seu crédito, para efeito de representação e voto, uma vez que a preferência trabalhista foi limitada a 150 salários mínimos.

Se esse era o objetivo, todavia, o efeito poderá ser prejudicial à classe a qual se pretendeu proteger, em face do teor do § 2º do mesmo artigo 41. Isso porque não será surpresa se, em função da desclassificação parcial de seu crédito, a classe dos detentores de garantias reais passar a empolgar, também, a maioria dos votos na classe dos créditos quirografários, malgrado tenham estes sido agregados aos privilegiados e subordinados.

Na prática, os detentores de garantias reais são entidades integrantes do sistema financeiro, por somas vultosas, em geral garantidas por hipoteca.

Se isso acontecer, os bancos deterão maioria em duas das três classes de credores. Como regra, nas empresas em dificuldades, o montante do passivo trabalhista acaba sendo também muito elevado. Mas, a representatividade dos detentores de créditos alimentares ficou reduzida, pois contidos em uma única das classes representadas nas instâncias de deliberação, embora parte de seus créditos, a partir do limite individual de 150 salários mínimos, tenha perdido a preferência legal, qualificando-se como meramente quirografário.

Com isso, no comitê, poderão eleger no máximo um representante e seus dois suplentes, enquanto os bancos poderão eleger até dois titulares e quatro suplentes.

Na aprovação do plano de recuperação, igualmente poderão sofrer prejuízos, pois os credores trabalhistas ficaram confinados em uma única classe, e os das entidades do sistema financeiro, assentadas em duas. Até mesmo se rejeitado o plano de recuperação na assembléia, poderão ser tomadas medidas em sentido oposto aos dos interesses dos credores trabalhistas, pois o artigo 58, §1º, admite que o juiz autorize a adoção do plano não-aprovado, desde tenha o voto favorável de duas das três classes de credores, dentre outras condições, hipótese que jamais será atendida sozinha pelos trabalhadores e vítimas de acidentes de trabalho, mas factível, em se tratando dos bancos.

A quem beneficiou a lei?

51. Restrição aos direitos políticos de sócios, parentes do devedor, empresas coligadas e outras

Os sócios do devedor, bem como as sociedades coligadas, controladoras, controladas ou as que tenham sócio ou acionista com participação superior a 10% (dez por cento) do capital social do devedor ou em que o devedor ou algum de seus sócios detenham participação superior a 10% (dez por cento) do capital social, poderão participar da assembléia-geral de credores, sem ter direito a voto e não serão considerados para fins de verificação do quorum de instalação e de deliberação (Artigo 43).

A regra tem por objetivo evitar a manipulação da assembléia geral, por pessoas físicas e jurídicas ligadas ao devedor, tendo o legislador presumido que ensejaria situações irregulares, possivelmente pela simulação de créditos elevados, ou outras formas que possibilitariam ao devedor controlar os órgãos decisórios da recuperação. Assim, não poderão essas pessoas físicas e jurídicas votar nas deliberações da assembléia, nem os valores de seus créditos serão computados para fins de instalação e verificação de *quorum*.

Essas restrições, todavia, não retiram dessas pessoas a possibilidade de virem a ter créditos contra a devedora, estando prevista sua habilitação como integrantes da classe dos titulares de créditos subordinados (artigo 83, VIII, "b"), exatamente por ser esta a classificação do crédito dos sócios contra a sociedade, dispondo, portanto, de direitos processuais, como os de habilitação, impugnação e recursos, por previsão do artigo 41, III.

Nessa mesma condição estão as *holdings*, os controladores ou empresas controladas ou coligadas, que venham a ter créditos contra a devedora, estes classificáveis na forma do título de que disponham.

Na forma do artigo 243, §1º, da Lei 6.404/76, são coligadas as sociedades quando uma participa com 10% ou mais do capital da outra, sem controlá-la.

Outrossim, considera-se controlada a sociedade na qual a controladora, diretamente ou através de outras controladas, é detentora de direitos de sócio que lhe assegurem, de modo permanente, preponderância nas deliberações sociais e o poder de eleger a maioria dos administradores (artigo 243, § 2º, da Lei 6.404/76). Observe-se que a posição de controlador, na sociedade anônima, não depende do critério quantitativo da distribuição do capital entre os sócios, mas preponderantemente qualitativo.

Ou seja: é preciso verificar se a empresa acionista possui na coligada maior parte do capital investido em títulos que lhe assegurem direito de voto, ou se está concentrado em ações preferenciais que lhe asseguram preferência nas distribuições dos dividendos tão-somente.

A simples participação de sócio ou acionista em duas ou mais empresas não as torna coligadas. A lei de falências, no entanto, estendeu a vedação ao voto em assembléia geral, também de empresas credoras que possuam sócios ou acionistas que participem do capital da empresa devedora em percentual superior a 10 por cento. E veda, também, na hipótese inversa, de empresa em que os acionistas ou sócios da devedora participem no capital social acima da mesma proporção.

O direito à participação na assembléia sem direito a voto foi estendida, também, ao cônjuge ou parente, consangüíneo ou afim, colateral até o 2º grau, ascendente ou descendente do devedor, de administrador, do sócio controlador, de membro dos conselhos consultivo, fiscal ou semelhantes da sociedade devedora e à sociedade em que quaisquer dessas pessoas exerçam essas funções.

52. *Quorum* de votação ou deliberação

Para as seguintes matérias:

a) apreciação do pedido de desistência do
devedor na recuperação judicial, nos termos do § 4º do artigo 52;

b) escolha do nome do gestor judicial, quando do afastamento do devedor na recuperação judicial; e,

c) deliberação sobre qualquer outra matéria que possa afetar os interesses dos credores, na recuperação judicial e na falência, as propostas submetidas à assembléia-geral deverão alcançar maioria absoluta, ou seja, mais da metade do valor total do créditos presentes (artigo 42).

O escrutínio será da totalidade dos votos, sem considerar a classe a que pertença o credor votante. Essa é a regra geral.

Há três exceções, porém.

52.1. *Quorum* **especial de aprovação do plano de recuperação** – A aprovação de plano de recuperação do devedor exige a concordância de todas as classes de credores, escrutinadas em separado (artigo 45).

Em cada uma das classes referidas nos incisos II (titulares de créditos com garantia real) e III (titulares de créditos quirografários, com privilégio especial, com privilégio geral ou subordinados) do artigo 41, o plano deverá ser aprovado por credores que representem mais da metade do valor total dos créditos de cada uma das classes presentes à assembléia e, cumulativamente, pela maioria simples dos credores presentes.

Na classe dos credores trabalhistas e decorrentes de acidentes do trabalho (inciso I do artigo 41), a proposta deverá ser aprovada pela maioria simples dos credores presentes, independentemente do valor de seus créditos, não havendo exigência de que essa maioria represente mais da metade dos que compareçam à solenidade. Assim sendo, se houver abstenções, estas não serão computadas, prevalecendo a vontade da maioria, pela aprovação ou rejeição, ainda que não atinja mais da metade dos votos computados.

Não terão direito a voto aqueles credores cujos créditos não forem objeto de alteração quanto ao montante ou forma de pagamento, no plano de recuperação, por falecer-lhes o indispensável interesse processual.

52.2. *Quorum* para escolha de representantes no Comitê de Credores – Para a escolha dos representantes (1 titular e 2 suplentes) de cada classe no Comitê dos credores, cada qual procederá a votação e escolha em separado de seus representantes (artigo 44), sendo vitoriosos aqueles que alcançarem a maioria proporcional do valor dos créditos da mesma classe.

52.3. *Quorum* qualificado para aprovação de forma alternativa de realização do ativo na falência, prevista no artigo 145 – Dependerá do voto favorável de credores que representem 2/3 (dois terços) dos créditos presentes à assembléia (artigo 46).

53. Invalidação das deliberações assembleares e responsabilidade dos credores

As deliberações da assembléia-geral não serão invalidadas em razão de posterior decisão judicial acerca da existência, quantificação ou classificação de créditos (artigo 39, § 2º.)

Ainda no caso de posterior invalidação de deliberação da assembléia, ficam resguardados os direitos de terceiros de boa-fé, respondendo os credores que aprovarem a deliberação pelos prejuízos comprovados causados por dolo ou culpa. Esta disposição consta do artigo 39 nos termos do § 3º.

Dispõe, outrossim, o artigo 40 que "não será deferido provimento liminar, de caráter cautelar ou antecipatório dos efeitos da tutela, para a suspensão ou adiamento da assembléia-geral de credores em razão de pendência de discussão acerca da existência, da quantificação ou da classificação de créditos".

Embora sempre louvável a intenção de coibir atos eivados de fraude, ou praticados com culpa ou dolo, o legislador não se houve bem na redação dos mencionados dispositivos.

Inicialmente, há de se desfazer um equívoco conceitual que parece perpassar ditas normas. As deliberações da assembléia geral não são negócios jurídicos privados, mas se constituem em parte de um processo judicial. Embora a lei não o diga claramente, as decisões assembleares não são auto-executáveis, tudo dependendo da homologação judicial, tanto quanto os atos do administrador ou decisões do comitê.

Assim, ainda que a homologação judicial de tais deliberações seja ato vinculado à decisão coletiva e, pois, não-discricionário, o controle de legalidade e legitimidade dos mesmos será exercido pelo juiz da causa, necessariamente. Se a decisão homologatória está sujeita à posterior modificação, em grau de recurso, e se há risco de que sua execução repercuta em danos, salvo melhor juízo, há de se não executá-la, ou fazê-lo apenas provisoriamente. Tais circunstâncias não induzem responsabilidade civil. Outrossim, os operadores do direito falimentar sabem que terceiros de boa-fé também não colocam em risco sua posição patrimonial por decisões judiciais pendentes de recurso.

Relativamente ao problema da vedação à concessão de liminares, não se pode olvidar da garantia constitucional esculpida no artigo 5º XXXV de que "a lei não excluirá da apreciação do Poder Judiciário lesão ou ameaça a direito". Diante da transcrita cláusula pétrea, é necessário que a interpretação da norma infraconstitucional seja conformada aos limites objetivos da norma de sobredireito. Em sendo assim, não é possível vedar a concessão de antecipações de tutela, ou liminares, sempre que esteja em causa risco de dano grave e de difícil reparação, em que se postule, por exemplo, a tomada do voto em separado do credor cujo crédito esteja impugnado quanto à legitimidade ou importância; ou, ainda, o cômputo do voto, provisoriamente, em determinada classe, se questionável sua classificação, entre outras medidas, condicionando a execução das deliberações à definitiva solução da lide. Essa cautela pode ser determinada pelo juiz ou pelo administrador, porquanto a lei dispensou o primeiro de comparecer ao ato.

Voltando à possibilidade de responsabilização dos credores, reunidos em assembléia, por dolo ou culpa, em face da invalidação de decisão assemblear, que venha a causar prejuízos comprovados, a matéria é de extrema complexidade, pois, em princípio, o credor reunido em assembléia geral, ao deliberar, por exemplo, sobre aceitação do plano de recuperação, não contraria a lei, o contrato social ou estatuto da devedora, não sendo equiparável à hipótese do artigo 1.080 do Código Civil.

A assembléia geral, como órgão da recuperação judicial ou da falência, não pratica ato de gestão ou de administração. Limita-se a aprovar ou não matéria sujeita ao seu exame pelo administrador, pelo devedor ou pelo juiz, ou ainda por iniciativa do próprio órgão. Mesmo na hipótese prevista no § 2º do artigo 58 (plano de recuperação que contemple "tratamento diferenciado" a classe que o houver rejeitado), não é possível tolher o direito de deliberação dos credores que concordaram com a proposta.

Já, relativamente às matérias que encontram regulamentação expressa da Lei, a disposição em contrário tomada pela assembléia geral seria de todo ineficaz. Estaria nessa hipótese, por exemplo, a deliberação que suprimisse garantia real, sem a concordância de seu titular, vulnerando o artigo 50, § 1º. Difícil imaginar que tal deliberação resultasse em dano efetivo, dada sua completa ineficácia jurídica.

Capítulo III
Da Recuperação Judicial

Seção I
Disposições Gerais (Artigos 47 a 50)

Finalmente, chega-se ao tema de fundo e principal alteração trazida pela novel legislação, adotando esse novo instrumento que é o da Recuperação Judicial.

54. Objetivos da recuperação judicial

Reza o artigo 47 que a recuperação judicial tem por objetivo viabilizar a superação de crise econômico-financeira do devedor, com o objetivo de alcançar a manutenção da fonte produtora, do emprego dos trabalhadores e dos interesses dos credores, promovendo assim a preservação da empresa, sua função social e o estímulo à atividade econômica.

No regime anterior, a concordata visava a sanar a crise meramente financeira, com dilatação dos prazos de pagamento. Tratava-se então da ausência de liquidez financeira do devedor, economicamente viável, que dispusesse de mais de 50% do passivo quirografário em ativos.

A crise econômica, no jargão dos economistas, transcende a mera crise financeira ou desvio de pontualidade nos pagamentos, que pode ser eventual e decorre de inúmeros fatores: sazonalidade, retração do mercado consumidor, restrições ao crédito, alta de preços das matérias-primas, alterações na taxa de câmbio, aumento na oferta de concorrentes etc.

A crise econômica, para além dos marcos da crise financeira ou de liquidez temporária, representa a situação em que a empresa passa a atuar com patrimônio líquido negativo, o que significa não somente a incapacidade de pagamento, mas também a situação em que as dívidas são superiores ao ativo.

Assim, em termos teóricos, embora bem-intencionada, a lei propõe uma fórmula que, se não for bem dosada em sua aplicação, significaria o sacrifício dos credores, em prol da artificial manutenção em atividade de empresas sem lastro econômico e sem viabilidade empresarial. Uma empresa nessas condições prosseguirá contratando obrigações com outros agentes econômicos e, se não puder honrar seus compromissos, poderá arrastá-los, junto consigo, aos abismos da insolvência.

Outrossim, alguns autores procuram corretamente caracterizar, ainda, a situação de crise patrimonial, similarizando esta com a fase mais aguda da crise econômica.[4] Embora de rigor, a conceituação pode criar distinção, onde a lei não o faz, dando a entender que a recuperação não estaria ao alcance da empresa sem lastro patrimonial, ou que ostente patrimônio líquido negativo. Ora, quer nos parecer que é justamente em situações como esta que a falência, em muitos casos, se reveste de maior inutilidade para o credor, pois restará frustrada, à míngua de bens, frustrando as pretensões dos cobradores. Sem prejuízo da idéia de que efetivamente o mercado deve expurgar as más empresas, situações haverá em que boas empresas corroeram seu patrimônio líquido e, ainda assim, ostentam o chamado *good will*, ou seja, um conjunto de atributos positivos, tais como, credibilidade dos administradores, qualificação da mão-de-obra, tradição local, reputação de qualidade dos produtos ou serviços, e outros que agregam valor aos olhos do mercado em que atua.

No mínimo, a tentativa de recuperação poderá representar um mal menor para os credores, que a pura e simples liquidação de seu parco lastro patrimonial.

55. Requisitos para impetração do pedido

A lei estabeleceu algumas pré-condições objetivas (artigo 48), para comprovação de idoneidade da empresa e do empresário, para que possam requerer a recuperação judicial, a saber, que exerça regularmente suas atividades há mais de 2 (dois) anos e que atenda aos seguintes requisitos, cumulativamente:

I – não ser falido e, se o foi, que estejam declaradas extintas, por sentença transitada em julgado, as responsabilidades daí decorrentes;

II – não ter, há menos de 5 (cinco) anos, obtido concessão de recuperação judicial;

III – não ter, há menos de 8 (oito) anos, obtido concessão de recuperação judicial com base no plano especial de que trata a Seção V deste Capítulo;

IV – não ter sido condenado ou não ter, como administrador ou sócio controlador, pessoa condenada por qualquer dos crimes previstos na Lei de Recuperação de Empresas.

---

[4] ULHOA COELHO, op. cit. p. 25.

Os requisitos formais de idoneidade são pouquíssimo exigentes, comparativamente aos que se tinha para admissão do pedido de concordata.

O requisito da pré-constituição e prazo de dois anos de atividades regulares não foi alterado.

De plano, observa-se que para obter a recuperação não é impeditivo tenha o devedor praticado crimes que na legislação anterior obstariam a moratória, a saber, os de roubo, apropriação indébita, fraude, concorrência desleal, falsidade, peculato, contrabando, crime contra o privilégio de invenção ou marcas e crime contra a economia popular, como previa o inciso III do artigo 140 do revogado Decreto-Lei 7.661/45. A condenação por alguns desses crimes pode, quando muito, constituir causa de afastamento do administrador da empresa devedora em recuperação (artigo 64, I).

Embora o artigo 48, II, impeça o requerente da recuperação de obtê-la novamente, se já lhe fora concedida a menos de 5 anos (prazo idêntico ao de análoga vedação à impetração de concordata no estatuto revogado), o legislador de 2005 premiou o mau cumpridor de seus acordos ao abolir qualquer ressalva ao devedor que tenha descumprido o plano de recuperação homologado há mais tempo, analogia possível com a norma prevista no artigo 140, inciso VI, *in fine*, da norma de 1945, aplicável à concordata.

Relativamente à demonstração da situação econômica do requerente da recuperação, as condições agora exigíveis são também muitíssimo menos rigorosas do que as da antiga concordata. A começar pelo fim da exigência de comprovação da inexistência de títulos protestados, o que era expressão de rigorismo que vinha sendo atenuado pela Jurisprudência quando examinava o cumprimento do inciso IV do artigo 158 da norma revogada.

Também isento está o requerente da demonstração de suficiência de seu ativo para pagamento do passivo. A alteração é tão radical que, pode-se mesmo dizer, que ainda que o devedor demonstre não possuir ativos, ainda assim, não estará fechada a porta para que requeira a sua recuperação, se conseguir convencer seus credores de que é viável sua empresa.

É o caso, por exemplo, das empresas prestadoras de serviços nas áreas de vigilância, zeladoria e área afins, algumas com faturamento altíssimo, mas sempre sujeitas a elevados custos trabalhistas e tributários que não permitem auferir margens de lucro passíveis de imobilização em ativos fixos.

Em contrapartida, como se verá mais adiante, o volume de papéis que a empresa em dificuldades deverá trazer com a inicial aumentou consideravelmente, mercê de burocráticas exigências. Mas, vista sob o ângulo da estratégia pensada pelo legislador, não são tais exigências descabidas.

Explica-se. Se o plano não for aprovado pelos credores, a falência do devedor será decretada, a menos que desista do pedido com a concordância dos mesmos credores. Portanto, a exigência de dados que implicam a renúncia ao sigilo patrimonial dos sócios (artigo 52, inciso VI) e ao sigilo bancário e financeiro da empresa (art 52, VII) é um alerta ao devedor que pretenda utilizar-se do instrumento de forma meramente procrastinatória, pois esses mesmos credores poderão passar a conhecer informações de que até então não dispunham.

56. Legitimidade ativa supletiva

A norma do parágrafo único do artigo 48 estabelece que não apenas o devedor pode requerer a recuperação, mas também o cônjuge sobrevivente, herdeiros do devedor, inventariante ou sócio remanescente. Nas pequenas empresas, a aplicação da norma será possível se do contrato social constar usual cláusula de que a pessoa jurídica não se extinguirá com o falecimento de um dos sócios.

57. Efeitos da recuperação judicial quanto às obrigações do devedor – Créditos sujeitos à recuperação

Reza o artigo 49 estarem sujeitos à recuperação judicial todos os créditos existentes na data do pedido, ainda que não vencidos. Não são afetados, porém, os direitos de seus credores contra os coobrigados, fiadores e obrigados de regresso (artigo 49, § 1º).

Nesse ponto, apesar da exceção, é notável o avanço do instituto relativamente ao da concordata, na qual apenas os créditos quirografários sofriam os efeitos da indúcia creditória.

O efeito imediato da impetração do pedido, em sendo deferido seu processamento (artigo 52, III), será o da suspensão do curso da prescrição e das ações e execuções contra o devedor, pelo prazo de 180 dias, nos termos do artigo 6º, como já minuciosamente estudado.

No entanto, afora esse momentâneo efeito suspensivo, a simples admissão do processamento do pedido de recuperação, por si só, não altera as condições originalmente contratadas ou definidas em lei, relativas às obrigações anteriores ao pedido, inclusive no que diz respeito aos encargos, o que somente ocorrerá se as condições originárias das obrigações sujeitas à recuperação judicial forem alteradas no plano proposto pelo devedor e se este for aprovado pelos credores, na incompleta redação do artigo 49, § 2º.

Aqui outro ponto de ruptura com a sistemática da antiga concordata preventiva. Naquela, o simples deferimento do processamento já significava a concessão de vantagens ao devedor, se atendidos os requisitos. Era possível a redução do valor a ser pago, se proposto pagamento da metade do valor à vista (concordata remissória); ou, a redução proporcional do débito para 60%, 75% ou 90% (remissória e dilatória), conforme fosse o pagamento proposto para o prazo de 6, 12 ou 18 meses; ou, ainda, deferimento de prazo de 24 meses para pagamento integral do passivo quirografário (concordata dilatória); com obrigatoriedade de pagamento de 2/5 no primeiro ano, nos dois últimos casos.

Na recuperação judicial, as condições originalmente contratadas com os credores de qualquer natureza somente serão alteradas se aprovado o plano de recuperação apresentado pelo devedor, e este prever alterações na estrutura do passivo do impetrante.

58. Credores excluídos dos efeitos da recuperação judicial

58.1. Exceção do § 1º do artigo 49 – A recuperação judicial não afeta os direitos dos credores contra os coobrigados, fiadores e obrigados de regresso (artigo 49, § 1º).

Esse dispositivo é complementado pela norma do artigo 59. Esta dispõe que o plano de recuperação do devedor, uma vez homologado judicialmente, implica NOVAÇÃO. Sua redação é a seguinte: "Artigo 59. O plano de recuperação judicial implica novação dos créditos anteriores ao pedido, e obriga o devedor e todos os credores a ele sujeitos, sem prejuízo das garantias, observado o disposto no § 1º do artigo 50 desta Lei."

Washington de Barros Monteiro define a novação como "a substituição de uma dívida por outra, eliminando-se a precedente. Desaparece a primeira, e, em seu lugar, surge nova. (...) O mais importante efeito da novação é a extinção da dívida antiga, substituída por nova, que lhe toma o lugar. (...) A novação extingue os acessórios e garantias da dívida, sempre que não houver estipulação em contrário (artigo 364, primeira parte, do Código Civil de 2002). (...) Abrangem estas tanto as reais como as pessoais, tanto as que resultam da convenção como as que nascem da lei, como os privilégios".[5]

Assim, havendo a estipulação em contrário, por força da ressalva do artigo 59 e da exceção prevista no § 1º do artigo 48, combinados ainda com o § 1º do artigo 50, chega-se à conclusão de que as garantias reais e pessoais não são extintas ou afetadas com a aprovação do plano de recuperação, e somente poderão ser alteradas ou suprimidas mediante concordância expressa dos credores que as detenham.

---

[5] Obra citada, p. 293 a 296.

58.2. Exceções do artigo 49, § 3º – Também não se submetem à recuperação judicial do devedor:

58.2.1. O proprietário fiduciário de bens móveis ou imóveis – pelo contrato de alienação fiduciária, o adquirente do bem aliena-o ao financiador, que, por sua vez, permanece na condições de nu-proprietário. Dois são dos regimes jurídicos aplicáveis ao instituto. A alienação fiduciária de coisa móvel, aplicável a máquinas industriais, veículos e outros bens relevantes, é disciplinada pelo artigo 66 da Lei 4.728, de 14 de julho de 1965, cuja redação foi dada pelo Decreto 911, de 01 de outubro de 1969: "Artigo 66. A alienação fiduciária em garantia transfere ao credor o domínio resolúvel e a posse indireta da coisa móvel alienada, independentemente da tradição efetiva do bem, tornando-se o alienante ou devedor em possuidor direto e depositário com todas as responsabilidades e encargos que lhe incumbem de acordo com a lei civil e penal."

A alienação fiduciária de imóveis é instituto recente, que deve gradativamente esvaziar a força do instituto da hipoteca, e já está a ser praticada no mercado imobiliário. Dispõe a Lei 9.514, de 20 de novembro de 1997: "Da Alienação Fiduciária de Coisa Imóvel – Artigo 22. A alienação fiduciária regulada por esta Lei é o negócio jurídico pelo qual o devedor, ou fiduciante, com o escopo de garantia, contrata a transferência ao credor, ou fiduciário, da propriedade resolúvel de coisa imóvel."

Em face do vigor normativo da proteção conferida aos proprietários fiduciários, por força da disposição ora em estudo, é possível prever a decadência do instituto da hipoteca, tradicional direito real de garantia sobre bem imóvel.

Observe-se que a diferença entre ambos é facilmente perceptível. O credor hipotecário possui uma garantia real que recai sobre bem cujo domínio pertence ao devedor hipotecário. Na alienação fiduciária, o credor passa a ser o proprietário da coisa, titulando um domínio resolúvel, que perdura até a quitação da dívida por parte do fiduciante. Este a adquire mediante financiamento prestado pelo fiduciário e a ele concomitantemente aliena o bem, em garantia, com transmissão dos direitos de domínio, exceto a posse direta, que permanece com o devedor. No caso de insolvência do devedor fiduciante, nenhum direito lhe resta sobre a coisa, resultando na execução do contrato de alienação, por conta da dívida impaga. A Lei 9.514/97 regula a venda do bem em leilão público extrajudicial.

58.2.2. O arrendador mercantil – É a posição do credor nos contratos de *leasing*, também chamado lesor. Aqui se trata de contrato complexo, com elementos da compra e venda e da locação. Assim, o lesor é proprietário do bem arrendado, que somente se transferirá ao domínio pleno do arrendatário devedor após o exercício da opção de compra e pagamento do valor residual garantido (VRG). Sua definição legal está na Lei 6.099, de 12 de setembro de 1977: "Art 1º O tratamento tributário das operações de arrendamento mercantil reger-se-á pelas disposições desta Lei. (...) Parágrafo único – Considera-se arrendamento mercantil, para os efeitos desta Lei, o negócio jurídico realizado entre pessoa jurídica, na qualidade de arrendadora, e pessoa física ou jurídica, na qualidade de arrendatário, e que tenha por objeto o arrendamento de bens adquiridos pela arrendadora, segundo especificações do arrendatário e para uso próprio desta.".

58.2.3. O proprietário ou promitente vendedor de imóvel cujos respectivos contratos contenham cláusula de irrevogabilidade ou irretratabilidade, inclusive em incorporações imobiliárias

É a hipótese de simples contrato de promessa irretratável de compra e venda de imóveis, que não retira a condição de domínio do promitente vendedor até a outorga da escritura, considerado o constante nos artigos 1.227 e 1.245, § 1º, do Código Civil, relativamente aos direitos reais cuja aquisição se dá pelo registro por instrumento público, exclusivamente.

58.2.4. O proprietário em contrato de venda com reserva de domínio ainda utilizado na aquisição em prestações de bens de produção e até automóveis – A execução destes contratos está regulada nos artigos 1.070 e seguintes do CPC.

Os credores antes mencionados passaram a gozar de verdadeira blindagem contra a insolvência de seus devedores empresas e empresários. Resguardar os direitos de propriedade dos credores, sem dúvida, é medida salutar da legislação.

Exorbita, porém, das finalidades do instrumento jurídico da recuperação, colocar a salvo de qualquer tipo de revisão as condições contratuais, o que impede até mesmo que estes credores venham a sentar à mesa de negociações para renegociação dos contratos. Parece que, no afã de atender aos reclamos do sistema financeiro, na alentada promessa de que estas medidas reduziriam o patamar dos juros da economia, o legislador esqueceu-se dos objetivos maiores da lei, que seriam os previstos artigo 47, relembrando: "viabilizar a superação de crise econômico-financeira do devedor, com o objetivo de alcançar a manutenção da fonte produtora, do emprego dos trabalhadores e dos interesses dos credores, promovendo assim a preservação da empresa, sua função social e o estímulo à atividade econômica".

Em compensação, o mesmo legislador que sonega ao devedor o direito de discussão judicial legítima concede ao autor do pedido de recuperação um benefício *pietatis causae*, qual seja, o de impedir por 180 dias, a retirada do estabelecimento do devedor dos bens de capital necessários à sua atividade empresarial, como são o caso efetivamente de bens objeto das contratações ora tratadas. Assim, as medidas de reintegração de posse e busca e apreensão, cabíveis nos contratos de que trata esta artigo ficarão com sua execução suspensa, até o final do prazo de aprovação do plano de recuperação.

59. Restituições dos Adiantamentos de contrato de câmbio de exportação

O artigo 49, § 4º, trata de questão que diz respeito, mais de perto, aos bancos e às empresas exportadoras. O tema passou a ser tratado como matéria de importância macroeconômica, em face do esforço do País, em exportar produtos e mercadorias, com o fito de obter elevados saldos positivos na balança comercial e, com isso, manter reservas cambiais suficientes para pagamento de seus compromissos internacionais.

Trata o artigo 86, II, do adiantamento sobre contrato de câmbio de exportação, previsto na Lei 4.728, de 14 de julho de 1965, a chamada Lei do Mercado de Capitais, em seu artigo 75, §§ 3º e 4º.

Para realizar operações de compra e venda internacional, o exportador nacional está obrigado a firmar contrato de câmbio, com instituição financeira sediada no Brasil, mecanismo pelo qual o Banco Central mantém sob fiscalização o ingresso de divisas no País. Como forma de estímulo à exportação, a legislação autoriza que o exportador antecipe junto ao banco parte dos valores na moeda estrangeira que receberá do importador estrangeiro, em data futura.

Trata-se, pois, de venda da moeda estrangeira, de que disporá o exportador nacional em termo futuro, ao banco adquirente. É, pois, autêntica operação de compra e venda de coisa móvel fungível – a moeda estrangeira – cujo preço oscila ao câmbio do dia.

A data de entrega das divisas em moeda estrangeira é ajustada contratualmente pelas partes, recebendo o exportador o adiantamento que será, certamente, utilizado para fabricação dos bens destinados ao mercado externo. Em contrapartida, o vendedor se obriga a entregar a documentação comprobatória da operação de comércio exterior (guia de exportação para embarque de mercadorias e respectiva cambial sacada contra o importador estrangeiro).

A liquidação do contrato far-se-á pelo último, recebendo o Banco, no exterior, as divisas respectivas. Se inadimplente o importador estrangeiro, segue o exportador nacional obrigado pelo débito contraído na antecipação.

Significando essas antecipações, esses adiantamentos, relevantes instrumentos para alavancagem das exportações brasileiras, recebeu a proteção legal, consolidando-se como crédito de natureza extraconcursal, tanto na recuperação judicial como na falência, não se submetendo aos efeitos da primeira, nem a concurso de credores.

O problema surge quando tais operações são realizadas de forma irregular, no sistema "mata-mata", renovando-se operações vencidas não-liquidadas, ou ainda prorrogando-se vencimentos sucessivamente. Casos haveria até de operações simuladas, somente possíveis diante da cumplicidade do financiador, que se locupleta ilicitamente mediante aplicação de escorchantes taxas de deságio.

A nova lei, nesse aspecto, foi moralizadora, ao impedir que, sob as vestes de adiantamento sobre contrato de câmbio de exportação, encubram-se meras operações de financiamento, razão pela qual apenas merecerão gozar do privilégio aqueles créditos decorrentes de operações que não excedam os prazos autorizados pelo Banco Central, em suas normas regulamentares.

Por fim, é relevante para a compreensão do tema ter claro que apenas as importâncias adiantadas, agora convertidas pela cotação cambial da data do processamento da recuperação ou da decretação da falência, são passíveis de restituição.

Os acessórios do contrato de câmbio são créditos quirografários, sendo assim considerados, dentre outras parcelas, o deságio e a bonificação devida ao banco.

Assim, teoricamente, estes chamados acessórios estão submetidos ao regime de recuperação e podem ser validamente objeto de estipulação no plano de recuperação oferecido pelo devedor.

A dificultar essa possibilidade, no entanto, está a prática bancária de exigir, complementarmente, garantias em hipoteca, penhor ou avais, quando então, mais uma vez, incidem as exceções que subtraem os efeitos jurídicos da recuperação relativamente aos créditos revestidos de garantias reais ou fidejussórias, no tocante ao bens garantes e coobrigados.

É extraconcursal, portanto, apenas o valor em moeda estrangeira, normalmente "dólares" ou "euros", convertidos à cotação do dia do deferimento do processamento da recuperação judicial, ou da decretação da falência, conforme o caso.

Essa regra cujo objetivo seria forrar o credor financeiro contra os riscos da desvalorização cambial acabou resultando neutra ou até prejudicial, em face da chamada "volatilidade do câmbio", que oscila em movimentos de alta e baixa de difícil compreensão e previsibilidade. Disso poderá se beneficiar o devedor, tanto que aguarde para impetrar seu pedido "na baixa", assim como faria ao adquirir lotes de ações.

Vale destacar que o banco poderá valer-se da chamada ação de restituição, tanto na falência, como na recuperação, para reivindicação dessas quantias, porque esse procedimento especial é admitido, excepcionalmente, para as duas hipóteses, pela Lei 4.728, de 14 de julho de 1965, a chamada Lei do Mercado de Capitais, em seu artigo 75, §§ 3º e 4º, expressamente recepcionada pelo artigo 86, II, da Lei 11.101/2005.

60. Meios de recuperação judicial – Rol meramente enunciativo

O legislador elencou, no artigo 50, formas de reestruturação econômico-financeira, que podem ser adotadas pelo devedor em recuperação. Embora não se trate de relação fechada (*numerus clausus*), a enumeração visa a afastar qualquer dúvida quanto à jurisdicidade dos meios empregados, que não excluem outros, desde que conformes à legislação.

Meios de recuperação judicial – O artigo 50 dispõe constituirem meios de recuperação judicial, observada a legislação pertinente a cada caso, dentre outros:

I – concessão de prazos e condições especiais para pagamento das obrigações vencidas ou vincendas;

É o meio mais singelo de oportunizar a recuperação do devedor e, em síntese, equivale ao que poderia ser chamada de nova concordata, cuja característica é a de não haver condição pré-estabelecida, quanto a prazos, encargos e percentuais a serem pagos, liberando o devedor para propositura daquela modalidade mais adequada às suas necessidades, o que lhe será deferido desde que aprovada ou não objetada pelos credores. Cumpre destacar que não há limitação de prazo, ao contrário da revogada concordata, cujo limite era o de dois anos. É ônus do devedor, para que sua empresa seja considerada recuperada, cumprir rigorosamente as condições previstas no plano de recuperação por um período de dois anos, sob pena de ser-lhe decretada a falência, conforme interpretação sistemática dos artigos 61, 62 e 63. Mas, não há óbice legal para que o plano preveja parcelamento de débitos por prazo maior, desde que a isso não se oponham os credores.

II – cisão, incorporação, fusão ou transformação de sociedade, constituição de subsidiária integral, ou cessão de cotas ou ações, respeitados os direitos dos sócios, nos termos da legislação vigente;

Nesse ponto, a legislação deu um passo adiante, ao adequar-se à realidade das empresas no estágio econômico atual, que se ressentia de um marco legislativo adequado. Embora essas operações tenham previsão legal específica na Lei das Sociedades Anônimas, a permanência de legislação datada do meado da década de 40, quando vigoravam estruturas empresariais menos complexas, causava insegurança jurídica pela possibilidade de virem a ser invalidadas alterações societárias, na superveniência de falência da sociedade cindida ou cindenda, ou da incorporadora, ou da incorporada, ou fusionada.

Modo sucinto, a incorporação e a fusão de empresas são formas jurídicas ligadas ao fenômeno econômico da concentração industrial e comercial, que caracteriza o estágio mais avançado da economia capitalista, cuja licitude não encontra limitação outra, senão aquela ditada pelas leis de repressão ao monopólio e ao abuso do poder econômico, através do Conselho Administrativo de Defesa Econômica.

Na incorporação, tem-se a absorção de uma ou mais empresas incorporadas pela incorporadora. Na fusão, verifica-se a união de duas ou mais empresas. Aplicado à recuperação judicial de empresas, o concentracionismo objetiva reforçar a garantia dada aos credores, através de aquisição de empresas em dificuldades por outras de maior envergadora, quando a incorporadora assume os passivos da incorporada, adquirindo seus ativos por vantajoso preço, ou ainda por constituição de nova empresa por meio de fusão.

Disciplinam a incorporação e a fusão os artigos 227 e 228 da Lei 6.404/76. Vale salientar que para os objetivos da recuperação empresarial, a aquisição do controle do capital da empresa é muito mais vantajosa que a incorporação, por permitir melhor solução dos problemas fiscais e contábeis das entidades envolvidas.

Também, na hipótese de fusão, deve ser diferenciada a fusão direta e a fusão indireta, esta feita mediante a criação de uma sociedade *holding* controladora, integralizando-se o capital com as ações das empresas envolvidas, com o que se evita a extinção das fusionadas.

Na cisão, tem-se o fenômeno oposto, o da desconcentração, sendo esta a forma jurídica de resolver o problema do gigantismo empresarial e da verticalização excessiva, que faz a corporação perder o foco de sua atividade.

Pode ser parcial, hipótese em que não será extinta a sociedade cindenda; ou poderá tratar-se de cisão total, quando nascerão duas novas entidades, com a extinção da cindida. A lei das sociedades anônimas define cisão como a "operação pela qual a companhia transfere parcelas de seu patrimônio para uma ou mais sociedades, constituídas para esse fim ou já existentes, extinguindo-se a companhia cindida, se houver versão de todo o seu patrimônio, ou dividindo-se seu capital, se parcial a versão". Como a cisão tem por finalidade a transmissão do patrimônio da cindida, total ou parcialmente, esse fato pode significar também alguma vantagem de cunho fiscal e proteção patrimonial do devedor.

Interessante salientar que, embora regulado o instituto como característico das sociedades por ações, não é inaplicável também aos demais tipos societários.

Mas divergia a doutrina sobre se a aplicação da Lei 6.404/76 seria subsidiária, no caso de cisão nas limitadas, ou se os efeitos jurídicos da operação, em especial suas conseqüências perante os sócios minoritários e a responsabilidade patrimonial perante os credores, poderiam ser objeto de livre estipulação pelos detentores do poder decisório da sociedade objeto de excorporação de ativos, o que lhes daria ampla margem de manobra para proteção patrimonial.

O debate mantém sua atualidade, agora à vista da nova redação do Código Civil, em seu artigo 1.053, acolhendo antiga corrente doutrinária, estabelecendo que, nas omissões da lei, aplicam-se às limitadas, as regras aplicáveis às sociedades simples. E, no parágrafo único do mesmo artigo 1.053, outorga aos sócios a prerrogativa de disporem no contrato social acerca da regência supletiva da sociedade limitada pelas regras das sociedades anônimas, naquelas matérias que não foram objeto de regulação no contrato social.

Assim, foi superada a antiga celeuma na interpretação do artigo 18 do Decreto-Lei 3.708/1919, em que a subsidiariedade era regra naquilo que não previsse o contrato social.

Destarte, forçoso concluir que para admissibilidade da cisão nas limitadas, agora, parece ser de rigor a previsão no contrato social de regência supletiva pelas normas da sociedade por ações. Em existindo essa previsão, no caso de cisão, os direitos dos sócios e acionistas estarão naturalmente preservados.

Correta, pois, a Lei 11.101/2005, ao preservar expressamente os direitos dos acionistas ou sócios, na parte final do inciso em exame, o que remete o intérprete às disposições da Lei 6.404/1976, relativas ao direito de substituição das ações extintas (artigo 229, § 5º) e ao direito de retirada (artigo 230), além de igual proteção ao debenturista (artigo 231).

Mas a Lei de Recuperação Judicial foi omissa ao dispor sobre a proteção dos credores. Se a aplicação da lei das sociedades anônimas for viável, quanto ao tema, os credores estarão resguardados até certo ponto, pois no caso de cisão parcial, a sociedade que absorver parcelas de patrimônio responderá pelos direitos e obrigações relacionados no ato da cisão; e, na cisão, com extinção da sociedade versora, as sociedades resultantes da excorporação patrimonial sucederão àquela, na proporção dos patrimônios líquidos transferidos, nos direitos e obrigações não-relacionados, nos termos do artigo 229, § 1º, da Lei das S.A.).

Veja-se, pois, que os acionistas que deliberarem sobre a cisão parcial poderão dispor sobre determinadas relações obrigacionais no ato da cisão, o que reforça a utilização deste mecanismo, nos processos de reestruturação empresarial.

Egberto Lacerda Teixeira alerta que, pela Lei das Sociedades Anônimas, a proteção aos credores, "vai desde a possibilidade de o credor anterior prejudicado pleitear a anulação da incorporação ou fusão até o reconhecimento da responsabilidade solidária da sociedade cindida e das que subsistirem pelas obrigações anteriores à cisão.

Essas normas aplicam-se tanto às sociedades anônimas quanto às limitadas por sua íntima compatibilidade".[6]

Mas, nos processos de recuperação judicial, a aprovação ou não-objeção pelos credores do plano de recuperação que preveja ditas operações, funcionará como verdadeira "pia batismal", a purificar o ato de qualquer eiva de nulidade ou ineficácia, diante da vigorosa blindagem aferida às operações judicialmente homologadas, mesmo em caso de falência superveniente (artigos 74 e 94, III, *in fine*).

III – Alteração do controle societário;

Com a cessão de cotas ou ações, a empresa em recuperação objetiva a alteração da composição e até do controle do capital societário, o que oportuniza a injeção de novos capitais, visando o saneamento da empresa, com conseqüente superação das crises econômico-financeiras.

Também a constituição de subsidiária integral, possibilidade somente possível nas sociedades por ações, é admitida pela legislação, nos termos do artigo da 251 da Lei 6.404/1976, o que traz para o direito brasileiro figura da sociedade unipessoal, obrigatoriamente outra companhia, ou seja, outra sociedade por ações (artigo 251). A previsão legal tem por escopo regular uma situação de fato, evitando com isso a nomeação de testas-de-ferro, apenas para cumprir o requisito do número mínimo de sócios. A empresa brasileira não pode, contudo, ser subsidiária integral de companhia estrangeira.

IV – substituição total ou parcial dos administradores do devedor ou modificação de seus órgãos administrativos;

Factível nas chamadas sociedades de capital, a substituição dos administradores é pouco viável nas sociedades *intuito personae*, nas quais o negócio se confunde com a figura do empresário.

O escopo da previsão legal é a profissionalização da administração, objetivando melhoria dos resultados da empresa.

V – concessão aos credores de direito de eleição em separado de administradores e de poder de veto em relação às matérias que o plano especificar;

Nas crises econômico-financeiras é usual a nomeação branca de "interventores", assim designados os comissários dos credores, que passam a intervir diretamente nas decisões empresariais, visando criar condições favoráveis ao pagamento dos débitos. O dispositivo

---

[6] TEIXEIRA, Egberto Lacerda. Obra citada, p.71, n. 69.

regulamenta uma prática consolidada na vida empresarial das médias e grandes empresas em dificuldades.

VI – aumento de capital social;

O empresário deve suportar o risco de sua atividade e, nessa medida, verificando-se a corrosão do patrimônio líquido de sua empresa, deve injetar capitais próprios de modo a assegurar sua viabilidade econômica.

VII – trespasse ou arrendamento de estabelecimento, inclusive à sociedade constituída pelos próprios empregados;

A medida é de grande interesse nas empresas cujo passivo trabalhista seja de tal monta que a atividade empresarial tenha se tornado inviável nos moldes tradicionais, vislumbrando-se a falência da empresa e o fechamento dos postos de trabalho. Por isso, a opção de trespasse ou arrendamento a sociedades de trabalhadores, inclusive cooperativas autogestionárias, vem se constituindo em saída para esses credores que, de outro modo, veriam seus créditos pulverizados pela alienação a preço vil dos próprios industrias. Assim, esses créditos podem ser convertidos em cotas de cooperativa, dividindo-se o resultado da atividade entre os cooperativados, desonerando-se o empresário dessas obrigações que, mais das vezes, ultrapassam o valor dos bens sociais e passam a gravar seu patrimônio pessoal. Exemplar experiência nesse sentido vem sendo realizada na Comarca de Guaíba, no estado do Rio Grande do Sul, através da GERALCOOP Cooperativas dos ex-empregados da Companhia Geral de Indústrias, massa falida, hoje a oitava maior geradora de trabalho e renda naquele município, que é um dos pólos industriais do Estado. O BNDES vem abrindo linhas de crédito específicas para aquisições de plantas industriais por parte dessas cooperativas que, além disso, dispõem de flexibilidade para alavancar recursos de forma solidária, através de ONGs internacionais e movimentos sociais, inserindo-se no meio econômico uma formação diversa daquela de índole puramente capitalista.

VIII – redução salarial, compensação de horários e redução da jornada, mediante acordo ou convenção coletiva;

O sucesso desta medida depende da boa articulação com os sindicatos de empregados, cuja intervenção é obrigatória, embora a lei não o diga. É que se trata aqui de norma constitucional, pois não há convenção ou acordo coletivo, sem a presença da entidade representativa, conforme o artigo 8º, inciso VI, da Constituição da República. E mais grave: a lei somente previu a participação da entidade sindical na assembléia como representante dos interesses dos credores trabalhistas, olvidando-se de regrar minimamente sua participação para deliberar sobre os temas redução salarial, compensação de horas e redução de jornada.

A falha da legislação causará algum embaraço à pretensão do devedor que tentar acionar estes meios de recuperação judicial.

O tema é de alguma complexidade, uma vez é absolutamente inidôneo o meio cogitado pela lei para fazer valer que a pretensão da empresa em recuperação, através de plano apresentada pelo devedor e examinado em assembléia-geral, sem a prévia negociação com o sindicato, que somente poderá ser suscitado compulsoriamente nas Delegacias Regionais do Trabalho ou mediante serviços de mediação existentes nas entidades patronais e de trabalhadores.

Mais: na hipótese de rejeição do plano de recuperação que contenha como cláusula a redução de salários, pelo voto desfavorável da classe dos empregados, o decreto judicial que venha a acolher a proposta, por voto favorável de duas das três classes de credores, na forma do artigo 58, § 1º, será absolutamente inconstitucional, pois a matéria é de conhecimento compulsório e exclusivo dos Tribunais do Trabalho, *ex vi* do artigo 114 da Magna Carta.

Assim, mercê do mau equacionamento legislativo, a norma resta eficaz apenas no campo programático, sendo certo que a empresa que pretender alcançar este desiderato deverá suscitar o competente dissídio na Justiça especializada, através da organização patronal, após prévia negociação.

No plano prático, a redução salarial, efetivamente, só é justificável naquelas empresas cuja folha de pagamento tenha se tornado muito elevada comparativamente às demais do mercado em que atua, seja por se tratar de empresa mais antiga, cujos empregados acumularam vantagens pessoais ao longo do tempo, seja porque não conseguiu acompanhar os processos de terceirização e horizontalização da produção. Já a compensação de horários e redução da jornada são medidas que têm por endereço certo os setores de forte sazonalidade, como é o caso da indústria calçadista e de vestuário, que alterna a produção das coleções de verão e de inverno, conforme dita o calendário da moda, até determinadas épocas do ano, ou da produção de aquecedores e fogões à lenha, que devem estar nas lojas até o início do inverno, decaindo os pedidos após esta demanda sazonal, dentre outras. Essas deficiências legislativas, contudo, penalizarão ainda mais o obreiro, pois, na falta de alternativas, resta ao devedor em recuperação demitir, até porque o regime outorgado a esses créditos no processo de recuperação é altamente favorável aos desígnios do empregador;

IX – dação em pagamento ou novação de dívidas do passivo, com ou sem constituição de garantia própria ou de terceiro;

A dação em pagamento somente se faz conveniente quando por razões de mercado, a alienação de determinados bens seja impossível sem redução muito expressiva de seu valor de avaliação.

Quanto à novação de dívidas do passivo, trata-se de efeito previsto pela própria adoção do plano de recuperação de empresa, conforme se lê no artigo 59, sendo esta uma forma de adimplemento e extinção das obrigações, mediante assunção de nova *obligatio* que substitui a originária;

X – constituição de sociedade de credores;

Na mesma linha do previsto no inciso VII, os credores podem se organizar em qualquer uma das formas societárias admissíveis em lei para adjudicar bens do devedor, para arrendá-los, para recebê-los em pagamento, com conseqüente desoneração das dívidas do devedor.

XI – venda parcial dos bens;

A impossibilidade de alienação de bens do ativo imobilizado no regime da antiga concordata engessava o devedor, pois uma das condições era a manutenção da garantia patrimonial aos credores, tornando inviável a recuperação, por impossível a desimobilização.

Para a boa gestão financeira, a empresa deve ostentar disponibilidade de recursos líquidos para atender seus compromissos diários. Em analisando a contabilidade de empresas falidas, é usual constatar que o quociente de liquidez corrente (ativo circulante / passivo circulante), resulta menor do que 1, significando ausência de capitais líquidos para pagamento de dívidas exigíveis em dinheiro, no curto prazo.

O recomendável é a manutenção de liquidez igual ou superior 1/3, e para a empresa também não é conveniente coeficientes de liquidez corrente, muito altos (acima de 4), pois isto demonstra ociosidade de recursos.

Assim, também a análise do grau de imobilizações (ativo permanente / patrimônio líquido x 100) vai indicar se os capitais próprios que o empresário coloca na empresa foram adequadamente imobilizados, garantindo uma boa margem de segurança para os credores (em torno de 20%), ou se foram imobilizados em excesso, acima desse percentual, gerando uma situação que pode comprometer o financiamento do ativo circulante, ficando a empresa dependente dos chamados capitais de terceiros.

Em casos como estes, uma correta política de venda de ativos, faz parte de uma bem-sucedida estratégia de recuperação empresarial, o que a lei agora oportuniza;

XII – equalização de encargos financeiros relativos a débitos de qualquer natureza, tendo como termo inicial a data da distribuição do pedido de recuperação judicial, aplicando-se inclusive aos contratos de crédito rural, sem prejuízo do disposto em legislação específica;

É um modo de aplicação do princípio *pars conditio creditorum*, ou seja, o princípio da igualdade entre os credores. De acordo com a norma, os débitos vencidos e vincendos de qualquer natureza podem ser eqüalizados, tomando como termo inicial o da data do pedido de recuperação judicial, com o correspondente deságio dos encargos devidos nas dívidas de prazo mais alongado ou pelo alongamento das dívidas de mais curto prazo.

Observe-se que para cálculo dos juros devidos em qualquer financiamento, o valor futuro (ou de resgate das dívidas – VF) é definido pela soma do capital inicial (1) ao resultado da multiplicação da taxa de juros (i) pelo período de tempo contratado em número de meses (n), na hipótese de capitalização simples (VF = 1 + in).

Em se tratando de juros compostos, o capital inicial crescerá geometricamente, pela potenciação do valor do capital inicial pelo número de meses VF = (1 + i) n. Fácil compreender, pois, que ao fixar-se o termo inicial como sendo o da data da distribuição do pedido de recuperação, o prazo (n) passará a ser invariável para todas as operações sujeitas ao plano de recuperação proposto nestes moldes, alterando-se o fator de progressão aritmética ou geométrica da dívida, eqüalizando-o para todas as operações. A equalização pode ainda ter como parâmetro a menor taxa de juros, dentre as praticadas.

Enfim, são soluções que demandam como de resto todas as outras, concordância dos credores.

Relativamente aos contratos de crédito rural, a dificuldade de aplicação do dispositivo é extraprocessual, pois o produtor rural raramente se organiza como empresa, tendo em vista a baixa tributação do setor que não recomenda a conformação sob forma empresária que pode acarretar aumento de custo.

Em face disso, fica prejudicada a aplicação da lei de recuperação judicial, a menos que a jurisprudência passe a entender bastar o exercício da atividade, comprovável pela emissão do talão de nota de produtor rural, como forma de suprir o disposto no artigo 971 do Código Civil:

XIII – usufruto da empresa;

O usufruto de imóvel ou empresa é extensamente regulada no Código de Processo Civil (artigos 716 e 729), no Capítulo IV da Execução Por Quantia Certa Contra Devedor Solvente, na Seção II, que trata do pagamento ao credor (subseção IV). Portanto, o usufruto é modalidade de pagamento, agora aceita no processo de recuperação judicial.

O usufruto não transfere a propriedade da empresa ou de seus bens, mas o usufrutuário passa a receber total ou parcialmente seus frutos, ou resultados, devendo ser o fato averbado na Junta Comercial. Não há óbice a que se adote o usufruto de imóvel do devedor, se esse é apto a gerar renda, por meio de arrendamento.

XIV – administração compartilhada;

O devedor, em alguns casos, tem interesse em compartilhar com os credores a administração de seu negócio, uma vez que tal medida garante o compromisso de todos pelo bom resultado da empresa.

XV – emissão de valores mobiliários;

Essa iniciativa é factível se a pessoa jurídica promover abertura de capital, para negociação de seus papéis em bolsa, objetivando capitalização da empresa. Tal medida somente será eficaz, em conjunto com outras, que apontem ao mercado a efetiva possibilidade de saneamento da devedora, de molde a atrair os investidores.

XVI – constituição de sociedade de propósito específico para adjudicar, em pagamento dos créditos, os ativos do devedor.

A redação final deste dispositivo reduziu as possibilidades da sociedade de propósito específico à adjudicação de bens do devedor, confundindo-se com previsão do inciso X – formação de sociedade de credores. Não seria apenas esta sua finalidade, nem limitada sua composição aos credores.

Dentre outras possibilidades, a sociedade de propósito específico pode ser constituída para realizar determinadas operações vantajosas à empresa em recuperação, bem como favorecer participação sua em empreendimentos ou negócios, ou de terceiros investidores, sem a contaminação das operações ou da novel sociedade pelo passivo preexistente.

Seção II
Do Pedido e do Processamento da Recuperação Judicial (artigos 51 e 52)

61. Procedimentos iniciais da recuperação

Essa seção trata dos procedimentos inaugurais da recuperação judicial, desde a petição inicial, até a decisão que defere o processamento da recuperação. Cumpre destacar a diferença em relação à concordata, na qual o simples despacho deferindo o processamento já assegurava ao devedor o direito de efetuar o pagamento conforme a proposta apresentada na peça inicial.

Na recuperação, não é mais assim. O devedor a requer e, estando sua petição em termos, o juiz defere o processamento da medida, mas a pretensão do devedor somente será executável quando apresentar o seu plano de recuperação e este for aprovado pela assembléia geral. Outra diferença marcante é a não-exigência de certidão negativa de protestos, que na concordata era requisito obrigatório, por força da obrigatoriedade legal de o comerciante confessar sua falência, uma vez protestada a dívida impaga, representada por título executivo, critério rigorosíssimo, que foi sendo paulatinamente abrandado pela jurisprudência, resultando na mudança da Lei. Rezam as aludidas disposições, de redação inequívoca:

Artigo 51. A petição inicial de recuperação judicial será instruída com:

I – a exposição das causas concretas da situação patrimonial do devedor e das razões da crise econômico-financeira;

II – as demonstrações contábeis relativas aos 3 (três) últimos exercícios sociais e as levantadas especialmente para instruir o pedido, confeccionadas com estrita observância da legislação societária aplicável e compostas obrigatoriamente de:

a) balanço patrimonial;

b) demonstração de resultados acumulados;

c) demonstração do resultado desde o último exercício social;

d) relatório gerencial de fluxo de caixa e de sua projeção;

III – a relação nominal completa dos credores, inclusive aqueles por obrigação de fazer ou de dar, com a indicação do endereço de cada um, a natureza, a classificação e o valor atualizado do crédito, discriminando sua origem, o regime dos respectivos vencimentos e a indicação dos registros contábeis de cada transação pendente;

IV – a relação integral dos empregados, em que constem as respectivas funções, salários, indenizações e outras parcelas a que têm direito, com o correspondente mês de competência, e a discriminação dos valores pendentes de pagamento;

V – certidão de regularidade do devedor no Registro Público de Empresas, o ato constitutivo atualizado e as atas de nomeação dos atuais administradores;

VI – a relação dos bens particulares dos sócios controladores e dos administradores do devedor;

VII – os extratos atualizados das contas bancárias do devedor e de suas eventuais aplicações financeiras de qualquer modalidade, inclusive em fundos de investimento ou em bolsas de valores, emitidos pelas respectivas instituições financeiras;

VIII – certidões dos cartórios de protestos situados na comarca do domicílio ou sede do devedor e naquelas onde possui filial;

IX – a relação, subscrita pelo devedor, de todas as ações judiciais em que este figure como parte, inclusive as de natureza trabalhista, com a estimativa dos respectivos valores demandados.

§ 1º. Os documentos de escrituração contábil e demais relatórios auxiliares, na forma e no suporte previstos em lei, permanecerão à disposição do juízo, do administrador judicial e, mediante autorização judicial, de qualquer interessado.

§ 2º. Com relação à exigência prevista no inciso II do *caput* deste artigo, as microempresas e empresas de pequeno porte poderão apresentar livros e escrituração contábil simplificados nos termos da legislação específica.

§ 3º. O juiz poderá determinar o depósito em cartório dos documentos a que se referem os §§ 1º e 2º deste artigo ou de cópia destes.

Artigo 52. Estando em termos a documentação exigida no artigo 51 desta Lei, o juiz deferirá o processamento da recuperação judicial e, no mesmo ato:

I – nomeará o administrador judicial, observado o disposto no artigo 21 desta Lei;

II – determinará a dispensa da apresentação de certidões negativas para que o devedor exerça suas atividades, exceto para contratação com o Poder Público ou para recebimento de benefícios ou incentivos fiscais ou creditícios, observando o disposto no artigo 69 desta Lei;

III – ordenará a suspensão de todas as ações ou execuções contra o devedor, na forma do artigo 6º desta Lei, permanecendo os respectivos autos no juízo onde se processam, ressalvadas as ações previstas nos §§ 1º, 2º e 7º do artigo 6º desta Lei e as relativas a créditos excetuados na forma dos §§ 3º e 4º do artigo 49 desta Lei;

IV – determinará ao devedor a apresentação de contas demonstrativas mensais enquanto perdurar a recuperação judicial, sob pena de destituição de seus administradores;

V – ordenará a intimação do Ministério Público e a comunicação por carta às Fazendas Públicas Federal e de todos os Estados e Municípios em que o devedor tiver estabelecimento.

§ 1º O juiz ordenará a expedição de edital, para publicação no órgão oficial, que conterá:

I – o resumo do pedido do devedor e da decisão que defere o processamento da recuperação judicial;

II – a relação nominal de credores, em que se discrimine o valor atualizado e a classificação de cada crédito;

III – a advertência acerca dos prazos para habilitação dos créditos, na forma do artigo 7º, § 1º, desta Lei, e para que os credores apresentem objeção ao plano de recuperação judicial apresentado pelo devedor nos termos do artigo 55 desta Lei.

§ 2º Deferido o processamento da recuperação judicial, os credores poderão, a qualquer tempo, requerer a convocação de assembléia-geral para a constituição do Comitê de Credores ou substituição de seus membros, observado o disposto no § 2º do artigo 36 desta Lei.

§ 3º No caso do inciso III do *caput* deste artigo, caberá ao devedor comunicar a suspensão aos juízos competentes.

§ 4º O devedor não poderá desistir do pedido de recuperação judicial após o deferimento de seu processamento, salvo se obtiver aprovação da desistência na assembléia-geral de credores.

62. Livros contábeis

Os livros permanecem em poder do devedor, prosseguindo sua escrituração normal (51 § 1º).

Todavia, perde o devedor seu direito ao sigilo de sua escrituração, perecendo a prerrogativa do artigo 17 do Código Comercial. Assim, o juiz, o administrador, ou qualquer interessado, este desde que judicialmente autorizado, podem examiná-la.

63. Demonstrativos mensais

À exata semelhança do previsto no regime da concordata, é encargo do devedor a apresentação de contas demonstrativas mensais. A não-apresentação é cominada com a pena de destituição do seu administrador.

64. Dispensa das certidões negativas (exceto as fiscais)

Um dos fatores que inviabilizava a recuperação da empresa no regime da concordata era o fato de que, ao atingir diretamente os interesses dos fornecedores, perdia a empresa seu crédito junto aos mesmos, que passavam a exigir pagamento à vista, quando não se recusavam ao fornecimento, como forma de pressão ou vindita.

Essa realidade terminava por solapar de vez a condição econômica da concordatária. Deve-se a isso o esforço do legislador em tentar criar situação na qual o devedor não sofra embaraços à sua atividade normal, e por isso a disposição do artigo 52, inciso II, conjugada com a do parágrafo único do artigo 67, que será analisado mais adiante.

É fato corriqueiro a situação da empresa em dificuldades vir a sofrer embaraço comercial por constar nos cadastros de títulos protestados, SERASA ou Banco Central.

A decisão que autorizar o processamento da recuperação judicial determinará a dispensa de apresentação de tais certidões para que o devedor exerça suas atividades.

Embora para exercício das atividades não seja compulsória a apresentação de certidões negativas pela empresa, a lei municiou o devedor para enfrentar as naturais dificuldades de obtenção de crédito na praça. Mas, observe-se que a contratação com o Poder Público e a percepção de incentivos fiscais ou creditícios ainda dependerá da apresentação de negativas fiscais.

65. Desistência do pedido de recuperação

No regime da concordata, o pedido de desistência muitas vezes embutia tentativa de fraude aos credores, quando formulado às vésperas do vencimento da primeira parcela, já decorrido quase doze meses da sua impetração. No sistema anterior, a jurisprudência, todavia, admitia pacificamente a possibilidade de desistência, após a impetração, até o momento do despacho deferitório do processamento.

Esta posição foi adotada pela legislação, independendo da concordância dos credores, a desistência que venha a ser manifestada pelo devedor antes de deferido o processamento. Uma vez prolatada a decisão deferitória do processamento, porém, a concordância dos credores será imperativa.

Não somente porque estatuída peremptoriamente no artigo 52, § 4º, mas também porque instaurado o procedimento, tem o devedor sessenta dias para apresentar seu plano de recuperação, o que, se não efetivado, demonstraria sua profunda temeridade ou má-fé.

A desistência da recuperação, outrossim, pode ser uma saída honrosa, na hipótese de verificar o devedor que seu plano de recuperação não granjeará aprovação dos credores, ou até mesmo na hipótese de estes proporem alterações que o devedor julgue não conseguir cumprir.

66. Inépcia da inicial ou ausência de documentos obrigatórios para instrução do pedido

A lei é omissa, mas, nesse caso, deve ter incidência subsidiária o Código de Processo Civil, cujo artigo 284, reza: "Verificando o juiz que a petição inicial não preenche os requisitos do artigo 282 e 283, ou que apresenta defeitos ou irregularidades capazes de dificultar o julgamento do mérito, determinará que o autor a emende ou a complete no prazo de 10 (dez) dias", sob pena de indeferimento da inicial e extinção do processo (parágrafo único), o que não implica a decretação da quebra. Essa solução se impõe por norma expressa do artigo 189 da Lei 11.101/2005.

Seção III
Do Plano de Recuperação Judicial
(Artigos 53 e 54)

67. Prazo para apresentação do plano de recuperação (artigo 53)

O plano de recuperação será apresentado pelo devedor em juízo no prazo improrrogável de 60 (sessenta) dias da publicação da decisão que deferir o processamento da recuperação judicial, sob pena de convolação em falência, e deverá conter:

I – discriminação pormenorizada dos meios de recuperação a ser empregados, conforme o artigo 50 desta Lei, e seu resumo;

II – demonstração de sua viabilidade econômica; e

III – laudo econômico-financeiro e de avaliação dos bens e ativos do devedor, subscrito por profissional legalmente habilitado ou empresa especializada.

O juiz ordenará a publicação de edital contendo aviso aos credores sobre o recebimento do plano de recuperação e fixando o prazo para a manifestação de eventuais objeções, observado o artigo 55 (parágrafo único).

68. Instituição da concordata trabalhista

Alteração notável estabeleceu o artigo 54, que reza: "O plano de recuperação judicial não poderá prever prazo superior a 1 (um) ano para pagamento dos créditos derivados da legislação do trabalho ou decorrentes de acidentes de trabalho vencidos até a data do pedido de recuperação judicial."

A revogada concordata do Decreto-Lei 7.661/45, afetava apenas os créditos quirografários, não estabelecendo nenhum efeito relativamente às obrigações do empregador para com o empregado.

Com o alegado escopo de resguardar minimamente os direitos alimentares do trabalhador, o parágrafo único dispôs que "o plano não poderá, ainda, prever prazo superior a 30 (trinta) dias para o pagamento, até o limite de 5 (cinco) salários-mínimos por trabalhador, dos créditos de natureza estritamente salarial vencidos nos 3 (três) meses anteriores ao pedido de recuperação judicial."

69. Retrocesso social

Talvez muitos não tenham se apercebido, mas o dispositivo é de extrema crueldade para com os obreiros. Isso porque a norma induzirá fatalmente a uma mudança de comportamento do empresário.

Até aqui, o patrão preferia ir preso, por alegada apropriação indébita, ao não repassar as contribuições retidas dos empregados ao INSS, mas não deixava de pagar os salários de seus operários.

Agora, com a obrigatoriedade de apresentar as certidões negativas do fisco e previdenciárias, antes da concessão do regime de recuperação e induzido pela possibilidade de postergar, legalmente, o pagamento de "créditos de natureza estritamente salarial"(*sic*!), vencidos nos 3 (três) meses anteriores ao pedido de recuperação judicial, certamente será moldada nova orientação, que tornará mais rudes e injustas as relações laborais.

Como a proposta de pagamento deverá ser apresentada com o plano e este somente será oferecido em até 60 dias contados da data do deferimento do processamento da recuperação, o devedor em dificuldades ganhará pelo menos seis meses de prazo, senão mais, conquanto deixe de pagar salários apenas três meses antes de formular seu pedido de recuperação.

Em face dos termos da norma, verdadeiramente, o empregado preferirá ser demitido, pois aí, ao menos haverá a expectativa de "encostar-se" no seguro-desemprego, ainda que não perceba nenhuma das parcelas rescisórias.

Do contrário, poderá ficar sem receber salários, ou vê-los brutalmente reduzidos, tendo de aguardar o pronunciamento da Justiça do Trabalho, cuja execução dos julgados não poderá fazer, se o empregador manobrar com destreza o mecanismo legal, de molde a suspendê-los por 180 dias, até a aprovação de um plano que poderá significar o recebimento de parte dos haveres, até 5 salários em 30 dias e o restante em prazo não superior a um ano.

Ignorou-se, por completo, o princípio constitucional do não-retrocesso social, enunciado por Canotilho, pelo qual, uma vez obtido determinado grau de realização dos direitos sociais, tais como o direito do trabalhador, direito à assistência, à educação etc., passam estes a "constituir simultaneamente, uma garantia e um Direito subjetivo", que não podem ser suprimidos pelo legislador, ainda que no exercício do poder constituinte derivado.

Seção IV
Do Procedimento de Recuperação Judicial (artigos 55 a 69)

70. Forma de manifestação de inconformidade dos credores com o plano de recuperação do devedor

Apresentado o plano de recuperação, abrem-se duas hipóteses. Ou os credores silenciam, concedendo-lhe tácita aprovação; ou, insurgem-se contra a pretensão do devedor. Denomina-se objeção a forma pela qual o credor pode impugnar o plano de recuperação que não lhe seja conveniente, o que, uma vez feito, determina a compulsória convocação de assembléia geral para deliberação.

Embora a lei não trate do tema, é lícito cogitar da possibilidade de desistência da objeção até momento da convocação da assembléia pelo juiz, tornando-a desnecessária se outras objeções não foram apresentadas.

71. Prazo para objetar ao plano de recuperação

Como já abordado em tópicos anteriores, a fase preliminar do processo de recuperação judicial, demanda a publicação de dois editais: o edital inaugural, do § 1º do artigo 7º (também previsto no artigo 52, § 1º, ou no parágrafo único do artigo 99), contendo a suma do pedido e a relação de credores apresentada pelo devedor, que abre ensanchas às habilitações tempestivas e, quiçá impugnações, no prazo de 15 dias; e o edital do § 2º do artigo 7º, contendo a relação nominativa de credores organizada pelo administrador judicial, que abre o prazo para impugnações dos credores, ou ainda, se for o caso, habilitações retardatárias, no prazo de 10 dias.

O artigo 53, parágrafo único, determina, ainda, a publicação de um aviso. Em direito falimentar, aviso é uma publicação mais resumida que a de um edital, que veicula sucintamente comunicação aos interessados da ocorrência de determinados fatos processuais, sem conteúdo decisório.

Diferem os avisos, também, das intimações, porque estas são destinadas a partes do processo, podendo conter carga decisória.

Ora, entre a publicação dos editais, a partir do transcurso do prazo do edital do § 1º do artigo 7º, o administrador disporá de 45 dias para organização da relação consolidada de credores, base para o Quadro-Geral. Assim, somados os prazos dos dois editais, tem-se o curso do lapso temporal de 60 dias.

O prazo de que dispõe o devedor para apresentação do plano é, igualmente, de 60 dias, conforme artigo 53, mas o *dies a quo* de cômputo do prazo é o da publicação da decisão que defere o processamento da recuperação, ou seja, o da sua intimação, presumivelmente anterior à publicação do primeiro edital.

Saliente-se, pois, que um evento é a publicação da decisão deferitória do processamento; outro, é a publicação do edital inaugural. Isso porque a intimação da parte quanto à decisão prelibatória do processamento, dá-se por forma diversa da comunicação editalícia, por nota de expediente publicada no Diário Oficial ou Diário de Justiça. Assim iniciando-se o curso do prazo para apresentação do plano pelo devedor, em *dies a quo* anterior ao da publicação do primeiro edital, seu termo final cairá necessariamente antes do fim do prazo previsto no § 2º do artigo 7º, razão pela qual, é possível que o aviso aos credores conste em publicação conjunta com a do segundo edital. Essa circunstância oportuniza que, coerente com a sistemática exposta, conste em destaque na mesma publicação o aviso aos credores quanto ao prazo de 30 dias para ofertar objeções.

O edital e o aviso seriam, pois, publicados de uma só vez, o que oportunizará a abertura de dois prazos distintos: 10 dias para impugnações dos credores à relação de créditos admitidos pelo administrador; e, 30 dias para oferecimento de objeção ao plano de recuperação do devedor, se com ele não concordarem os credores atingidos.

Esse é o ideal. Mas, a vida forense apresenta peculiaridades que distorcem a aplicação das previsões abstratas da lei, e isso não passou despercebido ao legislador. Assim, a solução está no parágrafo único do artigo 55, aplicável à hipótese em que o aviso do parágrafo único do artigo 53 não tenha sido publicado conjuntamente com o edital do § 2º do artigo 7º. Nesse caso, o prazo de 30 dias para objeções não terá início, até que se publique o mencionado aviso do parágrafo do artigo 53.

Mas, muita atenção, porque o legislador, mercê da complicadíssima redação, pode levar as partes a engano. Suponha-se que o devedor apresente seu plano de recuperação com antecedência, e o juiz, recebendo-o, determine a publicação do aviso, o que é feito pelo escrivão antes da publicação do edital do § 2º do artigo 7º. Parece não haver dúvida de que, nessa hipótese, o prazo passa a correr a partir da publicação do aviso, não devendo aguardar o do segundo edital.

Assim, a lei seria muito mais clara se simplesmente dispusesse que o prazo para oferecimento de objeção ao plano por parte dos credores é de 30 dias, contados da publicação do aviso de que trata o parágrafo único do artigo 53, e se este for publicado conjuntamente com o edital do § 2º do artigo 7º, o prazo passa a correr a partir desse fato.

O que, no entanto, parece inadequado é a verificação da hipótese desenhada no mencionado artigo 55, qual seja, a de que sobrevenha a publicação do segundo edital, sem menção ao recebimento do plano de recuperação, e antes de circular o aviso do artigo 53, para perplexidade dos credores, que ficarão a aguardar a efetiva publicação do aviso, em total insegurança jurídica.

72. Aprovação do plano de recuperação

Não havendo objeção, o plano segue para homologação judicial. Havendo objeção de qualquer credor ao plano de recuperação judicial, o juiz convocará a assembléia geral de credores para deliberar (artigo 56). Essa assembléia, nos termos do § 1º, será designada para data que não excederá 150 (cento e cinqüenta) dias contados do deferimento do processamento da recuperação judicial. Esse limite, como já se advertiu, é o da data da segunda chamada.

A assembléia geral que aprovar o plano de recuperação judicial poderá indicar os membros do Comitê de Credores, na forma do artigo 26 desta Lei, se já não estiver constituído (artigo 56, § 2º).

O plano de recuperação judicial poderá sofrer alterações na assembléia geral, desde que haja expressa concordância do devedor e em termos que não impliquem diminuição dos direitos exclusivamente dos credores ausentes (artigo 56, § 2º). Aqui, ao contrário da conhecida máxima, o direito protege os que repousam em sono letárgico.

73. Efeitos da rejeição do plano de recuperação

Rejeitado o plano de recuperação, será decretada a falência do devedor. A norma deve sofrer algum temperamento na prática judiciária, como, aliás, sempre ocorreu, relativamente ao instituto da concordata. Embora os peremptórios termos da letra da lei, há espaço para temperamento de seu rigor, em casos nos quais o magistrado haverá de simplesmente indeferir o pedido. Haverá o juiz, por exemplo, de indagar, minimamente, se a rejeição ao plano não decorre de ato de pura prepotência dos credores.

A lei deveria visualizar, acima de tudo, a seriedade do plano apresentado, sua viabilidade técnica e econômica e suas efetivas condições de aplicabilidade.

Como já mencionado anteriormente, a letra da lei induz o intérprete a ver o magistrado como simples chancelador de atos jurídicos privados, quando aqui se trata de procedimento judicial.

O ideal na aplicação desse novo instrumento regulatório é, sim, valorizar a ótica privatista, mas será possível exigir-se que o juiz abdique por completo do controle judicial de legalidade dos atos de particulares? Nem pode o juiz desertar dessa condição.

Embora o Estado não deva substituir a vontade das partes, pode atuar como indutor, mediador e facilitador, exercendo, ao fim e ao cabo, a adequação entre a vontade dos credores e as finalidades da lei que são, repita-se, a superação de crise econômico-financeira do devedor, com o objetivo de alcançar a manutenção da fonte produtora, do emprego dos trabalhadores e dos interesses dos credores, promovendo assim a preservação da empresa, sua função social e o estímulo à atividade econômica (artigo 47).

74. Momento da apresentação das negativas fiscais

Alguns analistas viram na ação do Governo Federal para rápida aprovação da "nova lei de falências" algum interesse no aumento da arrecadação tributária, já situada em torno de 40% do PIB.

A previsão encontrou confirmação no texto legal. A Lei 11.101/2005 significa a superação das Súmulas 192 e 565 do STF, favoráveis ao contribuinte, e a recepção pela legislação dos termos da Súmula 44 do STJ, revisada pela Corte Especial do Superior Tribunal de Justiça, no Incidente de Uniformização de Jurisprudência no Recurso Especial 188.148-RS, relator o Ministro Humberto Gomes de Barros, entendimentos que asseguram a não-suspensão das execuções fiscais, a desnecessidade de habilitação e outras manifestas vantagens ao fisco.

Ainda, ao crédito tributário vincendo no período de recuperação judicial, foi assegurada a classificação como crédito extraconcursal.

Soma-se a todos esses privilégios concedidos ao fisco, no tocante à recuperação, a principal mudança, que é a constante do artigo 57, qual seja, a antecipação do momento para a apresentação das negativas fiscais.

No regime da concordata, sua concessão dependia também da exibição das negativas fiscais, mas isso deveria ser feito, ao final do processo, depois de atendidas as obrigações com os credores quirografários, sendo condição de concessão do favor legal, mas já cumprido o plano de pagamento.

Agora, não mais.

As negativas fiscais devem ser exibidas antes da homologação do plano de recuperação, sem o que este não será atendido, ainda que aprovado pelos credores em assembléia.

Mais uma vez, nesse ponto, o Judiciário será instado a fazer valer os objetivos finalísticos da legislação, pois casos haverá em que a empresa esteja discutindo na Justiça exações indevidas e outras matérias fiscais de seu interesse, ficando, por esse só-fato, privado da obtenção de negativas.

Estas somente serão outorgadas pelo fisco, na modalidade *"certidão positiva com efeito de negativa"*, mediante desistência expressa de qualquer discussão judicial, se a empresa aderir ao plano especial de parcelamento de débitos tributários para empresas em recuperação judicial, prevista no artigo 6º, § 7º.

Mas casos haverá em que o empresário está a defender judicialmente direitos legítimos do contribuinte, o que não pode vir em seu prejuízo, sob pena de afronta à garantia constitucional esculpida no artigo 5º, XXXV, de que "a lei não excluirá da apreciação do Poder Judiciário lesão ou ameaça a direito".

Nessas hipóteses, caberá ao juiz da recuperação analisar as alegações do devedor e fazer valer a garantia constitucional.

Outrossim, entendemos ser possível requerer ao juiz da recuperação a alienação judicial antecipada de bens para atender a necessidade de cumprimento do artigo 57, tal como a jurisprudência entendia ser possível na concordata.

Naquela, mesmo que tal alienação importasse em desfalcar a garantia dos credores ainda não atendidos, o entendimento era de que a lei não poderia instituir uma situação insolúvel, qual seja a de negar-se a concessão da concordata ao final, pela impossibilidade de equacionamento do passivo tributário.

Agora, com mais razão, quando a lei sequer prevê percentuais de garantia aos credores quirografários, nenhuma razão impede a autorização judicial de venda do ativo em satisfação dos créditos tributários, para viabilizar a concessão da recuperação e atendimento do disposto no artigo 57, dispensando-se, neste caso, a prévia exibição das negativas.

Aqui, mais uma vez, a magistratura cumprirá a sua missão de dar à letra-fria da lei a interpretação consentânea com a hierarquia dos valores da ordem jurídica, adequando-a ao caso concreto. Nem pode o juiz desertar desse poder-dever.

Em nossa formação teórica, continuamos devotados à idéia de que a interpretação das normas jurídicas há de transcender o dogmatismo.

Bem traduziu Juarez Freitas, o pensar e o sentir de toda uma geração de operadores do Direito, ao escrever que "o intérprete transdogmático não é um servo da lei, pois não a obedece, pura e simplesmente, mas funde o seu horizonte com o da norma jurídica, sendo este o motivo pelo qual deve, frontal e resolutamente, desaprisionar-se do formalismo excessivo".[7]

75. Aprovação do plano e concessão da recuperação judicial

Na dicção do artigo 58, cumpridas as exigências, o juiz concederá a recuperação judicial do devedor cujo plano não tenha sofrido objeção de credor nos termos do artigo 55 ou tenha sido aprovado pela Assembléia-Geral de Credores na forma do artigo 45.

Nesse passo, também os operadores do antigo Decreto-Lei 7.661/45 deverão reciclar seu entendimento, pois a concessão da concordata significava o encerramento do processo, depois de cumpridas todas as obrigações do devedor.

Agora, não. A concessão da recuperação judicial situa-se no momento processual preliminar ao da execução do plano, equivalendo a autorização para a prática dos atos nele previstos. Trata-se de decisão interlocutória, passível de ataque mediante recurso de agravo (artigo 59, § 2º).

O artigo 58, § 1º, autoriza o juiz a conceder a recuperação judicial com base em plano que não obteve aprovação na forma do artigo 45, impondo goela abaixo *(cram down)* aos credores a proposta do devedor. Todavia, o *cram down* brasileiro é tímido e limita a discricionariedade do magistrado.

Exige a lei que o plano rejeitado tenha obtido na mesma assembléia, de forma cumulativa:

I – o voto favorável de credores que representem mais da metade do valor de todos os créditos presentes à assembléia, independentemente de classes;

II – a aprovação de 2 (duas) das classes de credores nos termos do artigo 45 desta Lei ou, caso haja somente 2 (duas) classes com credores votantes, a aprovação de pelo menos 1 (uma) delas;

III – na classe que o houver rejeitado, o voto favorável de mais de 1/3 (um terço) dos credores, computados na forma dos §§ 1º e 2º do artigo 45 desta Lei.

Mas o § 2º do artigo 58 ressalva que a recuperação judicial somente poderá ser concedida, nesse caso, se o plano não implicar tratamento diferenciado entre os credores da classe que o houver rejeitado.

Mais uma vez, é de ressaltar que o juiz não pode ficar engessado em previsões estanques do ordenamento positivo, sempre que estas entrem em colisão com o escopo da legislação, que segue sendo o de oportunizar a recuperação de empresas, com atendimento dos interesses dos credores e concomitante preservação dos empregos, com atendimento da função social e estímulo à atividade econômica. A

---

[7] Op. cit., p. 107.

atividade interpretativa do magistrado, à luz do caso concreto, há de suprir as limitações rígidas da norma abstrata, tendo como nortes os textos legal e constitucional.

76. Efeitos jurídicos da concessão da recuperação sobre os débitos preexistentes

O principal efeito jurídico da decisão que concede à recuperação judicial da empresa é a novação de todos os débitos preexistentes que tenham sido objeto de estipulação de condições de pagamento no plano de recuperação, nos termos previstos no artigo 59. Trata-se aqui de novação sujeita à condição resolutiva, pois em caso de decretação da quebra, por rescisão da recuperação judicial, prevista no artigo 61, § 2º, os credores terão reconstituídos seus direitos e garantias nas condições originalmente contratadas, deduzidos os valores eventualmente pagos e ressalvados os atos validamente praticados no âmbito da recuperação judicial. Exercício salutar é o de imaginar a aplicação desta regra na prática.

O devedor, na ânsia de obter a recuperação judicial, a qualquer preço, concorda com as condições mais gravosas que os credores lhe exigem. Não as consegue cumprir e vem a falir.

Os credores, então, retornam às condições pretéritas à novação, e vão disputar com prejuízo, os despojos na falência.

Noutra hipótese, o devedor consegue convencer os credores a favorecerem as condições de pagamento de seus créditos, mas não as cumpre e, falido, vê suas obrigações agravadas.

A norma, efetivamente, é sábia, pois pune o credor ambicioso e o devedor relapso; ao passo que premia o credor pragmático e o devedor que se esforce em não frustrar a confiança nele depositada.

77. Constituição de título executivo judicial – A decisão que concede a recuperação é título executivo judicial (artigo 59 § 1º)

A recuperação judicial será cumprida por um período de dois anos, contados da decisão que a conceder (artigo 61).

Nesse período, o devedor deverá cumprir religiosamente (como sempre deveria ter feito ...!) todas as obrigações previstas no plano que vencerem nesse prazo. Em caso de descumprimento, a conseqüência será a decretação da quebra, no mesmo processo. É a chamada convolação em falência de que trata o § 1º do artigo 61 c/c o artigo 73.

Bastará a comunicação, nos autos da recuperação, por parte do interessado, para que seja rescindido o período de prova, sem necessidade de ajuizamento de ação própria de falência. Para tanto, o credor prescinde de tirar protesto ou de executar especificamente a obrigação novada, representada pelo título judicial.

Rescindida a recuperação judicial, rescinde-se a novação, decretando-se a falência, na qual os credores concorrerão com seus créditos originários e serão atendidos na ordem de suas preferências.

No entanto, não há obrigatoriedade de que o parcelamento dos débitos do devedor fique limitado a dois anos, podendo haver prestações para vencimento em data posterior ao biênio.

Nesse caso, já estando encerrada a recuperação judicial, na forma do artigo 63, o título judicial estará consolidado, e o credor que, eventualmente, tiver sua pretensão insatisfeita, poderá executá-lo, convenientemente, na via executiva judicial cabível contra devedor solvente; ou, até mesmo, requerer a falência (artigo 94, III, "g"), que, nessa hipótese, constituirá nova ação, demandando o cumprimento dos requisitos do artigo 94, §§ 1º a 5º.

78. Efeitos da sentença concessiva sobre os débitos que venham a ser contraídos durante o processamento da recuperação

Nos termos do artigo 67, os créditos decorrentes de obrigações contraídas pelo devedor durante a recuperação judicial, inclusive aqueles relativos a despesas com fornecedores de bens ou serviços e contratos de mútuo, serão considerados extraconcursais, em caso de decretação de falência.

Trata-se de uma garantia aos credores para que, durante o período da recuperação, tenham um mínimo de segurança para contratar com a empresa devedora.

Assim sendo, em caso de quebra, as obrigações resultantes de atos e negócios jurídicos praticados durante o período de recuperação, não serão incluídos no quadro de credores da falência, mas integrarão quadro próprio de credores separatistas, cujo pagamento será feito antes do devido aos credores da massa falida.

Porém, esses créditos não se livram do concurso de preferências entre si (segundo a classificação do artigo 83) e serão pagos na ordem prevista no inciso V do artigo 84, logo após as dívidas da massa.

Foi instituído, também, no parágrafo único do artigo 67, privilégio geral em favor dos créditos quirografários sujeitos à recuperação judicial pertencentes a fornecedores de bens ou serviços que continuarem a provê-los normalmente após o pedido de recuperação judicial até o limite do valor dos bens ou serviços fornecidos durante o período da recuperação.

Assim, em caso de quebra, os créditos anteriores à recuperação, que originariamente estariam classificados como quirografários, passarão a gozar, até aquele limite, de privilégio especial, se os seus titulares seguirem fornecendo produtos e serviços à empresa em recuperação.

Trata-se da concessão de benefício cujo escopo é atenuar o risco iminente de que a empresa em recuperação perca seu crédito perante os fornecedores, por efeito do pedido de recuperação.

79. Administração da empresa durante a recuperação

Durante o procedimento de recuperação judicial, o devedor ou seus administradores serão mantidos na condução da atividade empresarial, sob fiscalização do Comitê, se houver, e do administrador judicial (artigo 64). Dessa condição somente serão removidos se qualquer deles:

I – houver sido condenado em sentença penal transitada em julgado por crime cometido em recuperação judicial ou falências anteriores ou por crime contra o patrimônio, a economia popular ou a ordem econômica previstos na legislação vigente;

II – houver indícios veementes de ter cometido crime previsto nesta Lei;

III – houver agido com dolo, simulação ou fraude contra os interesses de seus credores;

IV – houver praticado qualquer das seguintes condutas:

a) efetuar gastos pessoais manifestamente excessivos em relação a sua situação patrimonial;

b) efetuar despesas injustificáveis por sua natureza ou vulto, em relação ao capital ou gênero do negócio, ao movimento das operações e a outras circunstâncias análogas;

c) descapitalizar injustificadamente a empresa ou realizar operações prejudiciais ao seu funcionamento regular;

d) simular ou omitir créditos ao apresentar a relação de que trata o inciso III do *caput* do artigo 51 desta Lei, sem relevante razão de direito ou amparo de decisão judicial;

V – negar-se a prestar informações solicitadas pelo administrador judicial ou pelos demais membros do Comitê;

VI – tiver seu afastamento previsto no plano de recuperação judicial.

Verificada qualquer das hipóteses do *caput* deste artigo, o juiz destituirá o administrador da empresa, que será substituído na forma prevista nos atos constitutivos do devedor ou do plano de recuperação judicial.

80. Escolha do gestor quando da destituição do empresário das funções administrativas da empresa em recuperação

Quando do afastamento do devedor, nas hipóteses previstas no artigo 64, o juiz convocará a Assembléia-Geral de Credores para deliberar sobre o nome do gestor judicial que assumirá a administração das atividades do devedor, aplicando-se-lhe, no que couberem, todas as normas sobre deveres, impedimentos e remuneração do administrador judicial (artigo 65), agravando ainda mais a condição econômica da empresa em recuperação, pela duplicidade de remunerações.

Além disso, se a própria denominação do auxiliar do juízo é administrador judicial, porque não atribuir a este o desempenho das funções de gestão?

Mas, o § 1º abre uma porta à lucidez, admitindo que o administrador judicial exerça as funções de gestor enquanto a assembléia geral não deliberar sobre a escolha deste.

Já o § 2º dispensa comentários diante de sua inocuidade, pois se a Assembléia-Geral de Credores nomeia gestor alguém que se recusa ou não deseja assumir o cargo, o problema será de inépcia dos deliberantes.

Além disso, os atos da assembléia geral estão sujeitos ao controle de legalidade do juiz, não sendo lícita a nomeação de gestor impedido, o que pode ser suscitado de ofício ou mediante exceção.

81. Anotação à margem da denominação empresarial

Nos termos do artigo 69, em todos os atos, contratos e documentos firmados pelo devedor sujeito ao procedimento de recuperação judicial deverá ser acrescida, após o nome empresarial, a expressão "em Recuperação Judicial", o que será anotado nos seus registros na Junta Comercial (parágrafo único).

82. Alienação judicial de filiais e unidades produtivas. Problemática da sucessão tributária e da inscrição de ônus e gravames anteriores

Alguns dos meios de recuperação judicial, como já vistos, são a venda parcial de bens (artigo 50, XI), a dação em pagamento (artigo 50, IX), ou adjudicação a sociedade de propósito específico (artigo 50, XVI), dentre outras possibilidades.

Esses atos, tanto que autorizados no plano de recuperação, podem ser praticados diretamente pelo devedor, realizando o negócio jurídico correspondente. Todavia, a existência de débitos tributários inscritos em dívida ativa ou execuções contra o devedor, especialmente aquelas movidas pelas Fazendas da União, Estados, Municípios, Previdência Social e FGTS, torna inviável a alienação por ato particular intervivos, de bens imóveis, por força do artigo 185 do Código Tributário Nacional, que presume fraudulenta a alienação ou oneração de bens por sujeito passivo em débito com a Fazenda Pública.

Diante dessa conjuntura, uma alternativa possível para a empresa em busca de sua recuperação é a de promover a alienação judicial, como autoriza o artigo 60, em face da adequada regulação dada pelo parágrafo único que reza: "o objeto da alienação estará livre de qualquer ônus e não haverá sucessão do arrematante nas obrigações do devedor, inclusive as de natureza tributária, observado o disposto no § 1º do artigo 141 desta Lei".

A sucessão tributária corresponde à sub-rogação dos adquirentes nas obrigações tributárias, impostos ou taxas, cujos fatos geradores sejam a propriedade, posse ou domínio útil de bens imóveis (artigo 130 do Código Tributário Nacional). Com a aprovação da Lei Complementar 118, de 09 de fevereiro de 2005, que objetivou adequação do CTN às regras do direito falimentar, a alienação judicial é o procedimento que resguarda o arrematante contra o risco da sucessão nas obrigações do devedor tributário:

CÓDIGO TRIBUTÁRIO NACIONAL – Artigo 133. (...)

§ 1º O disposto no *caput* deste artigo não se aplica na hipótese de alienação judicial:

I – em processo de falência;

II – de filial ou unidade produtiva isolada, em processo de recuperação judicial.

§ 2º Não se aplica o disposto no § 1º deste artigo quando o adquirente for:

I – sócio da sociedade falida ou em recuperação judicial, ou sociedade controlada pelo devedor falido ou em recuperação judicial;

II – parente, em linha reta ou colateral até o 4º (quarto) grau, consangüíneo ou afim, do devedor falido ou em recuperação judicial ou de qualquer de seus sócios; ou

III – identificado como agente do falido ou do devedor em recuperação judicial com o objetivo de fraudar a sucessão tributária.

§ 3º Em processo da falência, o produto da alienação judicial de empresa, filial ou unidade produtiva isolada permanecerá em conta de depósito à disposição do juízo de falência pelo prazo de 1 (um) ano, contado da data de alienação, somente podendo ser utilizado para o pagamento de créditos extraconcursais ou de créditos que preferem ao tributário.

Uma questão a ser suscitada é a de saber se a garantia de não-sucessão tributária em desfavor do arrematante, apenas se operaria se parcial a venda de bens do devedor, restrita a filial ou unidade produtiva isolada, ou se o dispositivo é aplicável mesmo se voltado à alienação da totalidade da empresa em recuperação.

Embora, à primeira vista, pareça inadmissível a alienação da totalidade do patrimônio de empresa que busca sua recuperação, a hipótese não é descabida.

A maioria das empresas brasileiras de pequeno e médio portes possui, quando muito, uma única unidade produtiva.

Em estratégias de recuperação, a alienação pode ser benéfica, pela substituição de itens de capital posicionados no ativo fixo por formas de arrendamento industrial que geram, inclusive, vantagem tributária, para as pessoas jurídicas tributadas pelo lucro real.

Assim, é possível a alienação dos bens do ativo fixo e a formação de plantas industriais mais produtivas no sistema de *leasing*, que pode também recair sobre bens do próprio devedor (Súmula 28 do STJ), chamado *leasing back*.

Essas operações, sempre que justificáveis, podem integrar o plano de recuperação, alienando-se próprios industriais, cabendo ao magistrado determinar ao registro de imóveis que proceda à transferência dos bens aos arrematantes ou adjudicatários, com cancelamento das penhoras anteriores acaso existentes.

Na hipótese de recuperação judicial, outrossim, a garantia de intransmissibilidade das obrigações aos arrematantes é assegurada em qualquer uma das formas de alienação judicial, previstas no plano de recuperação e judicialmente executadas, e não apenas aquelas formas previstas no artigo 142, quais sejam:

I – por leilão;

II – propostas fechadas e,

III – por pregão.

Assim, são admissíveis, também, a dação em pagamento judicial (artigo 50, IX), ou adjudicação judicial a sociedade de propósito específico (artigo 50, XVI), dentre outras possibilidades.

O título judicial, seja ele a Carta de Arrematação, Carta de Adjudicação ou de Dação, será registrado na matrícula do imóvel respectivo, com conseqüente cancelamento das penhoras e gravames anteriores.

A mesma regra vale para gravames oriundos de penhoras por créditos trabalhistas, quirografários e outros.

Relativamente aos direitos reais de garantia, a alienação judicial com supressão da garantia somente é viável, na recuperação judicial, mediante expressa concordância do credor (artigo 50, §1º).

83. Cumprimento da recuperação judicial

Reza o artigo 61 que, proferida a decisão concessiva (artigo 58), o devedor permanecerá em recuperação judicial até que se cumpram todas as obrigações previstas no plano que se vencerem até 2 (dois) anos depois da concessão da recuperação judicial.

Ao não fixar um prazo legal máximo para execução do plano de recuperação, a norma contempla a necessária flexibilidade para atendimento das necessidades da empresa em recuperação.

Portanto, o plano pode prever prazo maior para a quitação de todos os débitos. Porém, nos termos do § 1º do artigo 61, durante o biênio, o descumprimento de qualquer obrigação prevista no plano acarretará a convolação da recuperação em falência, nos termos do artigo 73.

Decorrido o período de prova, cumpridas as obrigações que nele se vencerem, o juiz decretará, por sentença, o encerramento da recuperação (artigo 63).

O mencionado dispositivo é de imperfeição notória, pois na ordem processualística vigente, a sentença é o ato pelo qual o juiz encerra sua jurisdição. Mas a norma estabelece que, na sentença de encerramento da recuperação, sejam proferidas determinações judiciais que projetam novos atos judiciais para o futuro, como se lê, a seguir:

> Artigo 63. Cumpridas as obrigações vencidas no prazo previsto no *caput* do artigo 61 desta Lei, o juiz decretará por sentença o encerramento da recuperação judicial e determinará:
>
> I – o pagamento do saldo de honorários ao administrador judicial, somente podendo efetuar a quitação dessas obrigações mediante prestação de contas, no prazo de 30 (trinta) dias, e aprovação do relatório previsto no inciso III do *caput* deste artigo;
>
> II – a apuração do saldo das custas judiciais a serem recolhidas;
>
> III – a apresentação de relatório circunstanciado do administrador judicial, no prazo máximo de 15 (quinze) dias, versando sobre a execução do plano de recuperação pelo devedor;
>
> IV – a dissolução do Comitê de Credores e a exoneração do administrador judicial;
>
> V – a comunicação ao Registro Público de Empresas para as providências cabíveis.

O encerramento da recuperação somente poderia ser decretado mediante prévio exame do relatório de que trata o inciso III.

A apuração das custas e o seu recolhimento (inciso II) deverá preceder à sentença extintiva. A norma não é clara, mas o saldo de honorários do administrador deve ser apurado e depositado pelo devedor antes de decretar-se o cumprimento da recuperação. Dependerá a liberação de seu pagamento ao profissional, sim, da análise de prestação de contas e relatório do administrador judicial.

Fica, porém, a dúvida sobre quais as contas que deveria prestar o administrador judicial, quando ele, na verdade, não percebeu quaisquer recursos, não girou com valores, nem foi o responsável pelo pagamento dos credores, tudo isso a cargo do devedor.

Deveria o devedor, este sim, ser obrigado a prestar contas finais de suas obrigações, cabendo ao administrador judicial na recuperação apenas o relatório final de suas atividades, para liberação do valor, que deve ser previamente depositado.

Essas normas imperfeitas são fontes de conflitos desnecessários entre os operadores da lei, não contribuindo efetivamente para a lisura do processo, e acabam gerando discussões que vão assoberbar os nossos Tribunais, como foi o caso da insolúvel pendenga acerca dos honorários do síndico na lei revogada.

84. Efeitos da sentença declaratória de encerramento da recuperação judicial quanto aos créditos ainda não integralmente adimplidos

Como já examinado, o descumprimento pelo devedor de quaisquer de suas obrigações exigíveis no curso de biênio de prova enseja a decretação da falência, restituindo-se aos credores as condições originárias de seus créditos, rescindindo-se a novação operada.

O contrário ocorrerá quando, vencido o período de prova, tenha o devedor cumprido as obrigações vencidas no biênio e julgada cumprida a recuperação.

Nessa hipótese, será consolidada a novação instituída pela homologação judicial do plano de recuperação, encerrando-se o processo judicial.

Os créditos ainda não totalmente satisfeitos deverão ser atendidos pelo devedor na data dos respectivos vencimentos, ainda que vincendos em data posterior ao transcurso do biênio.

Em caso de inadimplemento, passará o credor a dispor de duas opções (artigo 62): a da execução singular por quantia certa contra devedor solvente; ou, a do pedido de falência, com base no artigo 94.

85. Indisponibilidade dos bens do devedor em recuperação

A regra do artigo 66 da Lei 11.101/2005 encontra paralelo em disposição semelhante constante do artigo 149 do Decreto-Lei 7.661/45. A redação, todavia, foi melhorada para filiar-se ao entendimento jurisprudencial que já se firmara acerca da norma no diploma revogado.

Assim, a indisponibilidade de bens do devedor se estende a todos os itens posicionados no seu ativo permanente, não apenas os imóveis, mas também os móveis, semoventes e patrimônio intangível.

A indisponibilidade legal impede o devedor de alienar ou onerar esses bens, sem expressa autorização judicial. A limitação não afeta os bens componentes dos estoques de mercadorias, que por sua própria natureza, dizem com o giro comercial da empresa.

86. Registro Contábil do patrimônio de afetação

É comum, nas empresas de construção civil, a contabilização das unidades construídas para fins de comercialização no ativo permanente. Até então a jurisprudência vinha entendendo que a alienação ou oneração destes bens não era ilícita na concordata, na medida em que constituía o próprio objeto social da empresa.

Essa circunstância garantia ao promitente comprador de imóvel, especialmente nas incorporações imobiliárias, a liberação da sua unidade mediante alvará judicial. Agora, com as alterações promovidas na Lei das Incorporações Imobiliárias (Lei 4.591, de 1964), através da Lei 10.931, de 10 de agosto de 2004, foi pormenorizadamente regulado o direito de prosseguimento na obra pelos adquirentes, no caso de falência ou insolvência do incorporador, que não atingirá o patrimônio de afetação.

Com a alteração da legislação, foi instituído um regime tributário especial para as incorporações, pela alíquota única de 7% sobre a receita recebida pelo incorporador (artigo 4º).

Na mesma legislação, foi determinada, ainda, a obrigatoriedade de contabilização das unidades comercializáveis, não mais no ativo permanente, mas na forma de patrimônio de afetação, instituído pela Lei 10.931, de 10 de agosto de 2004, nos termos do artigo 7º que reza: o "incorporador fica obrigado a manter escrituração contábil segregada para cada incorporação submetida ao regime especial de tributação".

Vale alertar, pois que a regularidade contábil da empresa poderá favorecer a empresa em dificuldades, uma vez que, adotados os procedimentos corretos, a indisponibilidade legal prevista no artigo 66 da Lei 11.101/2005 não atingirá os imóveis comercializáveis do incorporador.

87. Indisponibilidade dos bens particulares dos sócios e gestores

A indisponibilidade de bens, prevista no artigo 66 da Lei 11.101/2005, também, não atinge os bens particulares dos sócios, gerentes, diretores ou acionistas, a menos que haja decisão judicial específica na ação de responsabilidade, prevista no artigo 82.

88. Parcelamento tributário especial para as empresas em recuperação

Na previsão do artigo 68, "as Fazendas Públicas e o Instituto Nacional do Seguro Social – INSS poderão deferir, nos termos da legislação específica, parcelamento de seus créditos, em sede de recuperação judicial, de acordo com os parâmetros estabelecidos na Lei nº 5.172, de 25 de outubro de 1966 – Código Tributário Nacional".

A regra não teria eficácia normativa se não houvesse sido reproduzida na Lei Complementar 118, de 09 de fevereiro de 2005, que alterou o Código Tributário Nacional, com a seguinte redação:

Artigo 155-A (...) § 3º Lei específica disporá sobre as condições de parcelamento dos créditos tributários do devedor em recuperação judicial.

§ 4º A inexistência da lei específica a que se refere o § 3º deste artigo importa na aplicação das leis gerais de parcelamento do ente da Federação ao devedor em recuperação judicial, não podendo, neste caso, ser o prazo de parcelamento inferior ao concedido pela lei federal específica.

No momento em que redigimos esta obra, permanece em discussão projeto de lei no Congresso Nacional sobre o tema, cogitando do mencionado parcelamento em prazos entre 72 e 84 meses.

Não há dúvida de que a recuperação de empresa somente é viável com o equacionamento dos passivos financeiro, tributário e trabalhista.

Até aqui, a lei colocou praticamente todo o sacrifico da recuperação nos ombros destes últimos, favorecendo largamente a primeira das mencionadas classes de credores.

O saneamento da situação econômica das empresas também representa um instrumento de aumento da arrecadação tributária, garantindo sua função social de geradora de recursos indispensáveis à manutenção e ampliação dos investimentos públicos indispensáveis ao desenvolvimento econômico e social.

Seção V
Do Plano de Recuperação Judicial para Microempresas e Empresas de Pequeno Porte (artigos 70 a 72)

A Lei 11.101/2005 institui, em seu artigo 70, a modalidade de plano especial de recuperação judicial, aplicável exclusivamente para microempresas e empresas de pequeno porte.

Estas estão caracterizadas no Estatuto da Microempresa e Empresa de Pequeno Porte (Lei 9. 841, de 05 de outubro de 1999 – artigo 2º). São elas:

89. Microempresa

A pessoa jurídica e a firma mercantil individual que tiver receita bruta anual inferior a R$ 244.000,00 (duzentos e quarenta e quatro mil reais).

90. Empresa de Pequeno Porte

A pessoa jurídica e a firma mercantil individual que, não enquadrada como microempresa, tiver receita bruta anual superior a R$ 244.000,00 (duzentos e quarenta e quatro mil reais) e igual ou inferior a R$ 1.200.000,00 (um milhão e duzentos mil reais).

91. Vantagens e desvantagens comparativamente ao instituto da concordata preventiva – Procedimentos

Em relação à antiga concordata preventiva, a grande vantagem é que para a obtenção do novo benefício, o devedor está desonerado de demonstrar possuir ativo superior a 50% do passivo quirografário, como exigia o artigo 158, II, do Decreto-Lei 7.661, de 21 de junho de 1945.

Em desfavor do novo instrumento, está o prazo de carência de que dispõe do devedor para o pagamento da primeira parcela.

Agora, deverá efetuar o primeiro pagamento necessariamente no prazo máximo de 180 dias, contados da distribuição do pedido de recuperação (artigo 71, III). Também não há mais a opção de desconto para pagamento em prazo menor, apenas sendo admitido o parcelamento em até 36 (trinta e seis) parcelas mensais, iguais e sucessivas, corrigidas monetariamente e acrescidas de juros de 12 por cento ao ano (artigo 71, II).

O parcelamento abrange apenas os créditos quirografários (artigo 71, I), assemelhando-se ao instituto da concordata neste ponto.

O procedimento é simplificado, cabendo ao devedor apresentar seu plano com a inicial.

O pedido comporta objeção dos credores, mas não será convocada assembléia geral. O pedido será julgado improcedente, decretando-se a falência do devedor, se houver objeções de credores titulares de mais da metade dos créditos quirografários (*caput* e parágrafo único do artigo 72).

O devedor não poderá aumentar despesas ou contratar empregados, sem autorização prévia do juiz, depois de ouvido o administrador judicial e o Comitê de Credores (artigo 71, IV), o que engessa o empresário na condução de sua empresa, algo que não era cogitado no regime anterior.

Capítulo IV
Da Convolação da Recuperação Judicial em Falência (artigos 73 e 74)

92. Falência incidente

Trata o artigo 73 de casos de falência incidente ao processo de recuperação. A principal característica processual da falência incidente é a de que o decreto judicial da falência tem lugar, nessas hipóteses, nos próprios autos do processo de recuperação.

A convolação da recuperação judicial em falência somente tem lugar pelo descumprimento das obrigações que se vencerem no prazo de dois anos contados da decisão concessiva da recuperação, na letra do primeiro parágrafo do artigo 61.

Assim, cumpridas as obrigações vencidas naquele ínterim, mesmo que não tenha sido prolatada a sentença de encerramento prevista no artigo 63, a falência incidente não poderá ser decretada.

Fica reservado, porém, ao credor prejudicado, o direito de pedir a quebra, pelo descumprimento de obrigação com vencimento posterior ao biênio ou por obrigação não-sujeita ao plano de recuperação (parágrafo único do artigo 73), mas aí deverá fazê-lo por ação própria, mediante prévio protesto do título judicial e com observância do valor mínimo previsto no *caput* do artigo 94. Na hipótese de obrigação constante do plano de recuperação, o título executivo, para instruir a ação de falência, será exatamente a sentença que homologou o plano de recuperação, revigorando, em nosso Direito, a figura do protesto de título judicial, pouco exigido e pouco utilizado na prática forense (§ 3º do artigo 94).

93. Convolação da recuperação judicial em falência por ato de ofício ou mediante provocação

O juiz decretará a quebra, de ofício, nos casos dos incisos II e III do artigo 73, bastando a verificação dos fatos ali enunciados, respectivamente, a omissão do devedor e a não-aprovação do plano pela assembléia geral, ainda que o órgão deliberativo não requeira expressamente a falência do devedor.

No inciso I, verifica-se a hipótese de o juiz agir mediante provocação, pronunciando-se a assembléia geral em favor da falência do devedor. Na previsão do artigo 73, IV, poderá o juiz agir de ofício ou por provocação de qualquer interessado, tanto que verifique, ou seja, alertado quanto ao descumprimento de qualquer obrigação prevista no plano de recuperação.

Considerando que, na ação de falência, tem o devedor o direito à elisão do pedido, na forma do parágrafo único do artigo 98, no prazo de 10 dias, pagando a dívida, acrescida de juros, correção monetária e honorários advocatícios, não vemos motivo para que também não possa fazê-lo, após intimação, no curso do processo de recuperação.

94. Não-invalidação dos atos praticados

Mesmo na hipótese de falência, repousam os atos praticados pelo devedor durante a recuperação sob o pálio da presunção *juris tantum* de validade, desde que conformes à lei e ao plano de recuperação concedido.

A lei alude ao plano de validade dos atos jurídicos. Entendemos, no entanto, que a norma pretende também resguardar os referidos atos sob o plano da eficácia, relativamente à massa falida.

95. Esvaziamento das ações declaratórias de ineficácia ou revocatórias dos atos do devedor

A norma do artigo 74 remete o intérprete às disposições do artigo 129, que restaram bastante esvaziadas, diante da possibilidade de serem incluídos em planos de recuperação, atos enumerados nesse último dispositivo.

Isso porque, se forem desatentos os credores à não oferecerem objeção ao plano apresentado pelo devedor, ou mesmo por absenteísmo na assembléia geral, podem vir a ser aprovados planos, contendo previsão de prática dos atos previstos no artigo 129, que se constituem em tese e em princípio, atos de fraude a credores.

Basta lembrar das experiências entre nós da lei das sociedades anônimas, condomínios, consórcios e outras, que prevêem também as deliberações em assembléias, geralmente esvaziadas.

A convocação deve ser feita por editais. Mas, quem lê editais? Desse modo, alcançou-se um desiderato talvez indesejável: o da chancela judicial à fraude contra credores.

Para melhor situar a questão, oportuno rememorar que o artigo 129, à semelhança do revogado artigo 52 do Decreto-Lei 7.661/45, dispõe sobre a ineficácia relativa de certos atos praticados pelo falido, cuja enumeração é taxativa, sendo ineficazes em relação à massa falida, tenha ou não o contratante conhecimento do estado de crise econômico-financeira do devedor, seja ou não intenção deste fraudar credores:

I – o pagamento de dívidas não vencidas realizado pelo devedor dentro do termo legal, por qualquer meio extintivo do direito de crédito, ainda que pelo desconto do próprio título;

II – o pagamento de dívidas vencidas e exigíveis realizado dentro do termo legal, por qualquer forma que não seja a prevista pelo contrato;

III – a constituição de direito real de garantia, inclusive a retenção, dentro do termo legal, tratando-se de dívida contraída anteriormente; se os bens dados em hipoteca forem objeto de outras posteriores, a massa falida receberá a parte que devia caber ao credor da hipoteca revogada;

IV – a prática de atos a título gratuito, desde 2 (dois) anos antes da decretação da falência;

V – a renúncia à herança ou a legado, até 2 (dois) anos antes da decretação da falência;

VI – a venda ou transferência de estabelecimento feita sem o consentimento expresso ou o pagamento de todos os credores, a esse tempo existentes, não tendo restado ao devedor bens suficientes para solver o seu passivo, salvo se, no prazo de 30 (trinta) dias, não houver oposição dos credores, após serem devidamente notificados, judicialmente ou pelo oficial do registro de títulos e documentos;

VII – os registros de direitos reais e de transferência de propriedade entre vivos, por título oneroso ou gratuito, ou a averbação relativa a imóveis realizados após a decretação da falência, salvo se tiver havido prenotação anterior.

No entanto, a maior parte desses atos, tanto que previstos no plano de recuperação aprovado, manterá sua eficácia, ainda que convolada a recuperação em falência, por expressa disposição do artigo 131 combinado com o 74, ora em exame.

Desse modo, nenhum dos atos referidos nos incisos I a III e VI do artigo 129 da Lei 11.101/2005, que tenham sido objeto de estipulação no plano de recuperação judicial, será declarado ineficaz ou revogado (invalidado) se o devedor obtiver sua inclusão no aludido plano. O legislador apenas ressalvou hipóteses demasiado óbvias, que em caso algum prevalecerão, quais sejam, as práticas previstas no artigo 129, nos incisos "IV – atos a título gratuito, desde dois anos antes da decretação da quebra", "V – a renúncia à herança ou a legado, até 2 (dois) anos antes da decretação da falência" .

Em não existindo a concordância dos credores, contudo, em caso de falência, a ineficácia será decorrência previsível.

Na adequada redação do artigo 129, parágrafo único, "a ineficácia poderá ser declarada de ofício pelo juiz, alegada em defesa ou pleiteada mediante ação própria ou incidentalmente no curso do processo".

A ação a que se refere a norma é a chamada ação revocatória que se caracteriza como ação declaratória de ineficácia relativa. Como se depreende a pretensão do autor da mesma, não desborda do plano de eficácia do ato relativamente à massa falida.

Não constando do catálogo do artigo 129, nem estando previstos no plano de recuperação, poderão ser objeto de ação revogatória, na forma do artigo 130, "os atos praticados com a intenção de prejudicar credores, provando-se o conluio fraudulento entre o devedor e o terceiro que com ele contratar e o efetivo prejuízo sofrido pela massa falida". É a ação pauliana falencial, cuja pretensão do autor é a da invalidação dos atos que causaram prejuízo à massa, por conluio do devedor com terceiro.

Como novidade, agregou-se legitimidade ativa ao Ministério Público, inexistente na legislação anterior, com o que resultou muito fortalecida esta nobre instituição. Reforçou-se, assim, a possibilidade de intervenção estatal nos negócios privados, o que vem sendo visto com reserva, porquanto a premissa da lei era aviar as chamadas *"soluções de mercado"*, para solução das crises econômico-financeiras privadas.

Cresce, pois, a responsabilidade das curadorias de falências, pois necessária será a análise, não apenas legal, mas econômica, da realidade desses negócios, e um exame do ato jurídico no plano, não apenas de sua validade e eficácia, mas também de seu resultado relativamente aos interesses econômicos objetivados.

Também estão legitimados a propor a ação o administrador judicial e qualquer credor. O prazo de decadência agora passou a ser de três anos, contados da decretação da falência (artigo 132).

Capítulo V
Da falência
Visão sucinta das principais alterações: artigos 75, 83 e seguintes, 94 e seguintes, e 139)

O tema central dessa obra é o exame dos regimes jurídicos da recuperação judicial e extrajudicial do empresário e da sociedade empresária.

Tendo em vista, porém, a indissociável ligação destes institutos com o Direito Falimentar, faz-se necessária a abordagem tópica dos objetivos da falência e da autofalência, e das principais mudanças trazidas pela nova legislação relativamente a estes instrumentos.

96. Disposições Gerais – Objetivos da intervenção Judicial e expropriação na falência – Breve histórico da reforma legislativa

O artigo 75 enuncia os seguintes objetivos do instituto: "A falência, ao promover o afastamento do devedor de suas atividades, visa a preservar e otimizar a utilização produtiva dos bens, ativos e recursos produtivos, inclusive os intangíveis, da empresa".

Em que pese a sonoridade da elocução, o fato é que o escopo da falência é bem mais prosaico, e a norma contém impropriedade técnica gritante. O efeito da falência não é o do simples "afastamento do devedor de suas atividades". Se já não é de boa técnica conter a lei definições, que incumbiriam à Doutrina, pior ainda é quando estas definições veiculam erros.

O efeito jurídico da falência é o da expropriação dos bens do devedor, não seu simples afastamento, como se se tratasse de mera intervenção no domínio econômico. É verdade que, sob o império da legislação anterior, a expropriação somente ocorria quando instaurada na fase de liquidação, antecedida da publicação do edital do artigo 114 do decreto-lei revogado.

Com a aprovação da Lei 11.101/2005, num exame perfunctório, a expropriação é imediata. De outro modo, não haveria como justificar a exigência do artigo 139 de que "logo após a arrecadação dos bens, com a juntada do respectivo auto ao processo de falência, será iniciada a realização do ativo".

Além disso, foi abolido o instituto da concordata suspensiva, pela qual, logo após a conclusão do inquérito judicial, ou da publicação do quadro de credores, o devedor poderia apresentar proposta de pagamento dos créditos quirografários e, desde que possuísse ativo suficiente, o processo de falência ficaria sobrestado.

Agora, não mais. Uma vez decretada a falência, esta é irreversível. Portanto, a expropriação exsurge como efeito imediato.

A falência visa, portanto, isso sim, a liquidar a empresa insolvente, estabelecendo o concurso de credores para satisfação dos seus créditos, no limite das forças do acervo. Nada mais do que isso.

A idéia de recuperação da empresa falida somente tem significado se compreendida à luz da chamada Teoria Poliédrica de Empresa, enunciada por Alberto Asquini, e segundo o Perfil Funcional da Empresa, definida pelo doutrinador italiano, na década de 20 do século passado, como" uma organização produtiva que opera por definição, no tempo, guiada pelo empresário (...), sob o ponto de vista funcional ou dinâmico, a empresa aparece como aquela força em movimento que é a atividade empresarial dirigida para um determinado escopo produtivo.[8]

Abandonando a teoria dos atos de comércio, que inspira o nosso vetusto Código Comercial, a Lei de Recuperação e Falências aderiu a esses modernos conceitos, inaugurados em nossa ordem jurídica pela adoção do Direito de Empresa, em o *Novo Código Civil*.

Vista a empresa segundo esse perfil dinâmico, ou funcional, a falência não a extingue, nem acarreta necessariamente, a cessação de seu funcionamento, o que era a regra do direito falimentar suplantado.

A nova lei não mais obriga à lacração da sede da empresa falida, agora exigível somente quando "houver risco para a execução da etapa de arrecadação" (artigo 109). A remoção dos bens produtivos também passa a ser facultativa (artigo 112).

A alienação dos bens deve ser feita, prioritariamente, em bloco (artigo 140, I), com a venda da empresa (mais uma vez o perfil funcional) e seu estabelecimento (perfil objetivo), se possível ainda em funcionamento.

Assim, afastado o empresário da administração, visto aquele como o principal responsável pelo malogro do empreendimento, o uso produtivo dos bens, ativos e recursos da empresa poderia ser preservado, e mesmo otimizado, segundo o conceito legal.

---

[8] *Perfis da Empresa*. Tradução Prof. Fábio Konder Comparato. Ver. *Direito Mercantil*, v. 104, p. 111, out/dez-1996.

O objetivo é valorizá-lo para alienação a terceiros.

Alguns comentadores da nova lei revelam-se entusiastas da nova orientação legal.

Recomenda-se cautela a quem pretende aplicar ao cotidiano das falências os novos preceitos, moldados na moderna doutrina empresarial.

Os revezes da vida empresarial nem sempre podem ser atribuídos à culpa do empresário.

Usando-se uma figura de metáfora, as empresas, como os seres vivos, "nascem, crescem e morrem", sem que seja possível evitar seu perecimento, quando decrépitas suas estruturas.

Uma linha de produção que se mostre obsoleta não se tornará eficiente pelo só-fato de vir a ser afastado o empresário.

Far-se-ão necessários investimentos em tecnologia, que exigem capitais indisponíveis para a empresa em crise econômica e de impossível alavancagem pela administração de uma massa falida. Mais das vezes, o custo de reformulação de uma planta industrial defasada tecnologicamente suplanta em muito o da aquisição de uma planta nova. Assim, também, eventuais investidores não se interessarão em adquiri-la.

Se a logística de distribuição dos produtos de determinada indústria é mal equacionada, sem dúvida, medidas administrativas podem auxiliar na recuperação da empresa em crise.

Mas, se as concorrentes passaram a terceirizar a linha de montagem nos pontos de distribuição, enquanto a empresa em crise tem seu processo totalmente verticalizado e distribui produtos montados com altíssimos custos de frete, então a logística não dará conta de reduzir os custos. Isso somente será possível com a horizontalização da produção, e para tanto faz necessária a montagem de novas plantas, novos processos produtivos, numa palavra: uma nova empresa!

Na legislação anterior, havia o instituto da "continuidade de negócio", sujeito a uma série de restrições, admissível somente em caráter excepcionalíssimo. Teria o novel legislador ordinarizado dito instituto?

A resposta é negativa. Não é correto (e induz a um lamentável de desvio de finalidade) objetivar com a falência a utilização de bens pela administração da falência, ainda que em prol dos credores.

Em alguns casos, pode efetivamente ser mais vantajoso prosseguir na atividade produtiva, por alguns períodos breves de tempo.

Mas esta não é a solução sequer para a maioria dos casos. Isso porque, esses bens são expropriados do devedor e devem ser judicialmente alienados a particulares, para que estes, e não agentes a serviço do Estado, se valham de seu uso produtivo.

Em boa hora, a legislação determinou como regra a alienação antecipada do ativo arrecadado (artigo 139). Assim, invertem-se as fases do processo de falência, cuja liquidação, na legislação anterior, constituía sua etapa final e dependia, para ser antecipada, do consenso com o falido, ou da comprovação de urgência na liquidação.

É falsa a idéia, às vezes propalada, de que a liquidação da empresa insolvente gera maiores prejuízos à comunidade em que atua. Prova disso pode ser constatada na experiência com falências no Estado do Rio Grande do Sul. Um dos fatos econômicos mais traumatizantes para o Estado, nas últimas décadas, foi a quebra do setor coureiro-calçadista, em meado dos anos 90.

Dados da Secretaria da Fazenda estadual, apresentam os indicadores de ICMS do Município de Campo Bom, pólo calçadista mais afetado com a crise do setor, no final do século passado.

Situado entre os dez maiores municípios arrecadadores do tributo até então, com a quebra das principais empresas do setor coureiro-calçadista, vitimados pela âncora cambial (paridade da cotação do real com a do dólar), que desestimulou as exportações, e pela entrada do calçado chinês, dentre outros fatores, o município viu sua posição despencar no *ranking* para o quadragésimo segundo lugar, no auge da crise em 1997.

Com a decretação da falência de dezenas de empresas, pavilhões industriais de excelentes dimensões e grande volume de maquinaria passaram a ser colocados em hastas públicas de diversos processos de falência.

A Prefeitura Municipal colaborou com incentivos a empresas que objetivassem se instalar no município, e o resultado foi, após menos de 5 anos, o retorno daquela comuna ao décimo segundo lugar dentre as de maior arrecadação de tributos do Estado.

Não foram somente os efeitos econômicos da entrada dessas novas indústrias, mas também a própria desvalorização do câmbio, posterior à crise de 1999, as causas da recuperação da economia daquela comunidade. Outra das concausas foi, também, a intervenção do Judiciário, pois adequada à realidade, o que facilitou todo o processo, porquanto o município estava transformado numa enorme massa falida. Se não fossem disponibilizados os pavilhões das falidas, as novas empresas não teriam locais para instalação, e migrariam para outros municípios. Além disso, foram pagas a milhares de trabalhadores indenizações que, somente no caso das empresas do grupo da família Strassburger, ascenderam à soma de R$ 11 milhões, injetando recursos na economia local que, obviamente, disso se beneficiou, contando ainda com a instalação de novos empreendimentos por parte dos ex-empregados.

Prova-se, assim, que a intervenção judicial, quando objetiva e célere, promove a renovação de decrépitas estruturas empresariais e econômicas, sendo falsa a idéia generalizadamente divulgada de que, necessariamente, se faça ineficiente a intervenção judicial.

No caso exemplificado anteriormente, a eficiente atuação somente foi possível porque uma geração de jovens, mas experientes magistrados e promotores, com alta capacitação em ciências econômicas e formação jurídica impecável, assumiu as Varas Cíveis locais e as Varas especializadas em Falências e Concordatas, nas Comarcas de Porto Alegre e Novo Hamburgo, realizando um trabalho de alta qualidade, destacando-se o Juiz de Direito Doutor Jorge Luiz Lopes do Canto e os hoje Procuradores de Justiça, Diretor da Escola Superior do Ministério Público, Dr. Luis Inácio Vigil Neto, além dos Doutores Gilmar Maroneze e Gilberto Montanari, dentre outros. Esses profissionais foram consultados pelos representantes parlamentares, quando dos momentos iniciais de discussão do projeto que resultou na elaboração da Lei 11.101/2005.

Os doutores Jorge Luiz Lopes do Canto e Luis Inácio Vigil Neto integraram Comissão Especial, representado o Poder Judiciário e o Ministério Público, respectivamente, junto à Câmara dos Deputados.

Porém, a partir da aprovação da Subemenda Aglutinativa Global ao Substitutivo adotado pela Comissão Especial ao Projeto de Lei 4.376, de 1993, o texto original sofreu completa desfiguração, por força dos interesses de setores representados no Governo Federal, prevalecendo a visão de organismos financeiros internacionais, quando então passou a sociedade atônita a ver o total desvirtuamento da proposta.

Com a reação de entidades como a Ordem dos Advogados do Brasil e outras, chegando ao Senado, o projeto foi reestruturado e corrigido, expungindo-se alguns desses equívocos.

Mas o resultado foi uma proposta tímida, conservadora, que deixa, por exemplo, de tratar de interesses relevantíssimos na ordem econômica atual, como o do direito do consumidor, um esquecido do legislador de 2005, assim como o meio ambiente. Basta ver que na mencionada Subemenda aglutinativa global sequer constavam dentre as classes de credores as vítimas de acidente do trabalho, o que foi corrigido na redação final.

97. Da Classificação dos Créditos

As principais mudanças são:

1. Instituição de uma classe de créditos prioritários de cunho alimentar, qual seja, os de natureza estritamente salarial, vencidos nos três meses anteriores à decretação da quebra, até o limite

de 5 salários mínimos por trabalhador, a ser pago tão logo haja recursos em caixa (artigo 151), semelhante ao "pronto pago" do direito argentino e outros similares;

2. limitação da preferência dos créditos derivados da legislação do trabalho, a 150 (cento e cinqüenta) salários-mínimos por credor (inciso I do artigo 84);

3. equiparação aos trabalhistas dos créditos decorrentes de acidentes de trabalho, que na ordem anterior gozavam de preferência absoluta sobre todos os demais, não havendo, em relação a estes, a limitação de valor aplicável aos trabalhistas (inciso I do artigo 84, parte final);

4. inversão da ordem de classificação dos créditos com garantia real, que passaram a frente dos créditos tributários (inciso II do artigo 84);

5. limitação, também, dos créditos com garantia real até o limite do valor do bem gravado (inciso II do artigo 84, parte final);

6. equiparação de todos os créditos tributários, que passaram a ser exigíveis, logo após os créditos com garantias reais, independentemente de sua natureza ou tempo de constituição (inciso III do artigo 84);

7. delineamento das classes de credores com privilégio especial e privilégio geral, respectivamente incisos IV e V, do artigo 84, que suscitava dúvidas no ordenamento anterior, incorporando as disposições do Código Civil, artigos 964 e 965;

8. melhor conformação e definição dos créditos quirografários (inciso VI do artigo 84), como: a) aqueles não previstos nos demais incisos deste artigo; b) os saldos dos créditos não cobertos pelo produto da alienação dos bens vinculados ao seu pagamento; c) os saldos dos créditos derivados da legislação do trabalho que excederem o limite estabelecido no inciso I do *caput* artigo 84;

9. classificação das multas contratuais e as penas pecuniárias por infração das leis penais ou administrativas, inclusive as multas tributárias, como classe de créditos com preferência inferior aos quirografários(inciso VII do artigo 84); e,

10. instituição da classe dos créditos subordinados, a saber:

a) os assim previstos em lei ou em contrato;

b) os créditos dos sócios e dos administradores sem vínculo empregatício (inciso VIII do artigo 84).

98. Das alterações do Código Tributário Nacional

A Lei Complementar 118/2005 alterou o artigo 186 do Código Tributário Nacional, desse modo assegurando a perfeita validade, no plano da hierarquia das normas, da alteração promovida pela Lei de Falência na ordem de classificação dos créditos.

O mencionado dispositivo passou a vigorar com a seguinte redação:

Artigo 186. O crédito tributário prefere a qualquer outro, seja qual for sua natureza ou o tempo de sua constituição, ressalvados os créditos decorrentes da legislação do trabalho ou do acidente de trabalho.

Parágrafo único. Na falência:

I – o crédito tributário não prefere aos créditos extraconcursais ou às importâncias passíveis de restituição, nos termos da lei falimentar, nem aos créditos com garantia real, no limite do valor do bem gravado;

II – a lei poderá estabelecer limites e condições para a preferência dos créditos decorrentes da legislação do trabalho; e

III – a multa tributária prefere apenas aos créditos subordinados.

Outrossim, a redação do inciso III do artigo 83 instituiu, reflexamente, a equiparação de todas as pessoas jurídicas de direito público interno, para fins de exigência de créditos tributários da União, Estados, Municípios, os fiscais e os parafiscais, matéria que promete também convulsionar a jurisprudência. Isso porque a expressão "seja qual for sua natureza ou tempo de constituição", existente no inciso I do parágrafo único do artigo 186 do Código Tributário, foi transposta para o inciso III do artigo 83 da Lei de Falências, e ali colocada, perdeu seu significado original, passando a significar a inexistência de preferências entre os créditos tributários de qualquer natureza ou tempo de constituição.

Mas vale lembrar que o artigo 187 do Código Tributário Nacional segue estabelecendo concurso de preferência entre as pessoas jurídicas de Direito Público, na seguinte ordem:

I – União;

II – Estados, Distrito Federal e Territórios, Municípios.

Há entendimento doutrinário que sustenta a inconstitucionalidade dessa regra.[9]

Outrossim, não está correta a redação ao aludir que a classificação dos créditos tributários independa "do tempo de constituição", pois se o respectivo fato gerador ocorrer após a concessão da recuperação ou após a decretação da falência, terá natureza extraconcursal (artigo 84, V).

99. Dos créditos extraconcursais

A Lei 11.101/2005, finalmente, corrigiu problema insolúvel da legislação anterior, com a disposição no rol dos créditos extraconcursais daqueles previstos no Decreto-Lei 7.661/45, como encargos da massa.

Assim (artigo 84) "serão considerados créditos extraconcursais e serão pagos com precedência sobre os mencionados no artigo 83, na ordem a seguir, os relativos a:"

I – remunerações devidas ao administrador judicial e seus auxiliares, e créditos derivados da legislação do trabalho ou decorrentes de acidentes de trabalho relativos a serviços prestados após a decretação da falência;

II – quantias fornecidas à massa pelos credores;

III – despesas com arrecadação, administração, realização do ativo e distribuição do seu produto, bem como custas do processo de falência;

---

[9] CARVALHO, Paulo de Barros. *Curso de Direito Tributário*, 2ª ed. São Paulo: Saraiva, p. 330-331.

IV – custas judiciais relativas às ações e execuções em que a massa falida tenha sido vencida;

V – obrigações resultantes de atos jurídicos válidos praticados durante a recuperação judicial, nos termos do artigo 67 desta Lei, ou após a decretação da falência, e tributos relativos a fatos geradores ocorridos após a decretação da falência, respeitada a ordem estabelecida no artigo 83 desta Lei.

Observe-se que a norma supra deve ser conjugada com a disposição do artigo 150, que impõe a realização tempestiva das despesas de administração, pela necessidade impositiva de efetivá-las para condução do processo de falência.

A antiga classificação possibilitava a absurda conclusão de que o síndico pudesse trabalhar pela massa sem nada perceber, conquanto o ativo não comportasse o pagamento da integralidade dos créditos de maior hierarquia, o que gerava dano injustificável a legítimos interesses de profissionais e intermináveis litígios entre os operadores do instituto.

Com a nova lei, fica, afinal, oxalá, esteja virada a página de uma das mais incongruentes disposições legais do nosso ordenamento, derrogando-se o enunciado de Súmula 219 do STJ, que também não resolvia o problema.

Relativamente, aos créditos tributários decorrentes de fatos geradores ocorridos após a decretação da quebra, em que pesem alguns intérpretes verem nessa regra mais uma vantagem ao fisco, o fato é que a mesma solução já era preconizada na Doutrina que se formou no direito falimentar anterior e foi incorporada pela nova Lei de Falências, como já prelecionava Rubens Requião, que distinguia dentre os encargos da massa os encargos fiscais, nos seguintes termos:

263. Os Encargos Fiscais Da Massa Falida.

O artigo 188 do Código Tributário Nacional expressa que são encargos tributários da massa falida, pagáveis preferencialmente a quaisquer outros e às dívidas da massa, os créditos tributários vencidos e vincendos, exigíveis no decurso do processo de falência.

Note-se, entretanto, que essas dívidas fiscais, como bem claras resultam do dispositivo legal, são de responsabilidade da massa, surgindo durante a vigência de sua atividade concursal.

Nesse caso, estão os impostos municipais sobre os bens arrecadados, ou os impostos incidentes sobre a produção (...), durante o período em que houver o prosseguimento do negócio do falido, que for autorizado pelo juiz.

Esses encargos da massa são, pois, preferencialmente atendidos, a quaisquer outros e às dívidas das massas, não só os vencidos como os vincendos, exigíveis no decurso do processo de falência. (...)[10]

Assim, para todos aqueles que, como nós, entendíamos, na vigência da lei anterior, serem os encargos da massa, créditos extraconcursais, a redação do artigo 84, V, não é incoerente.

---

[10] REQUIÃO. Rubens. *Curso de Direito Falimentar*. 1º volume, 16ª ed. 1995, P. 288.

Destarte, cabe ao administrador judicial reter e recolher as contribuições devidas por prestadores de serviços à massa (PIS, COFINS, CSSLL, IR fonte, INSS e outras), promover o pagamento do IPTU ou ITR dos imóveis, de outras taxas que sobre estes incidam (água, luz) e das contribuições de melhoria, tributos sobre automóveis e outros.

Nessa perspectiva, o administrador judicial passará a assumir a posição de substituto tributário. Esse só-fato já demonstra o alto relevo das funções desempenhadas por esse profissional.

100. Dos rateios

Procedida a liquidação dos bens da massa falida, procede-se ao rateio dos valores, dentro da respectiva classe, segundo a ordem de preferência, após o pagamento da integralidade dos créditos extraconcursais.

101. Casos omissos

Mas, se a legislação soube equacionar algumas questões que demandavam melhor regulamentação, não resolveu todos os problemas, quiçá pela pressa imposta ao legislador, após longa tramitação da matéria.

Além de omitida qualquer menção aos créditos de consumidores e aqueles decorrentes da legislação ambiental, cuja reparação de danos pode decorrer do manejo da ação civil pública e outras formas contemporâneas de solução de litígios de massa, mesmo em face de dilemas da anterior legislação, deixou o legislador de ministrar solução clara e adequada.

Assim, com o risco de ser desmentido posteriormente pelo entendimento jurisprudencial que se há de formar acerca dos litígios que certamente virão, ousamos apresentar nosso posicionamento sujeito à saudável crítica, como forma de iniciar o debate.

1. Representantes comerciais – Embora o silêncio da legislação, os créditos decorrentes de representação comercial, de acordo com o artigo 44 da Lei 4.886/65, com a redação dada pela Lei 8.420/92, a nosso ver, seguem sendo considerados da mesma natureza dos créditos trabalhistas, desde que exercida por pessoa física (A C (TJRGS) 598413953 – A C (TJRGS) 599211018. Havendo a aludida equiparação, necessariamente, sujeitar-se-ão à mesma limitação da preferência a 150 salários mínimos.

A norma é com o escopo de elidir a possível fraude a direitos trabalhistas, quando revestido o prestador de serviços pessoais das vestes de pessoa jurídica, por imposição do tomador.

2. Os créditos do Fundo de Garantia do Tempo de Serviço, se reclamados pelo trabalhador titular do direito, na via da ação trabalhista própria, seguem sendo considerados da mesma classe, como derivados de relações de trabalho.

Nessa condição, integrarão o principal devido ao trabalhador, sem discriminação de parcelas, para constituir o total do crédito que será limitado, individualmente, a 150 salários mínimos.

Todavia, aquele crédito executado pela entidade gestora do FGTS, a Caixa Econômica Federal, a partir da emissão da respectiva Certidão de Dívida Ativa, há de ser classificado dentre os tributários, de natureza parafiscal. Isso porque a legitimidade ativa da CEF para cobrança desses valores encerra com a reclamação dos mesmos pelo obreiro.

3. O crédito do Instituto Nacional do Seguro Social segue tendo dúplice classificação, diante do fenômeno da falência. A parcela da contribuição devida pelo empregador (empresa) tem natureza de crédito previdenciário e se classifica dentre os tributários (inciso III do artigo 84).

A parcela da contribuição que for descontada dos salários dos empregados, que não tenha sido repassada ao instituto, pode ser reivindicada pelo INSS junto à massa falida, somente nas hipóteses do artigo 85, *caput*, ou seja, se o respectivo montante em dinheiro estiver na posse do devedor na data da falência ou se o valor foi arrecadado pelo administrador judicial na falência.

Não se admite, para fins da restituição pretendida pelo INSS, nos termos do artigo 65 da Lei 8.212, de 24 de julho de 1991, a alienação de bens da massa. Se o devedor na data da quebra não estava na posse do dinheiro, e este não foi arrecadado pelo administrador, a autarquia é carecente da ação de restituição, tornando o crédito à classe dos tributários.

E essa interpretação, que encontrava adeptos na vigência do regime anterior, agora se nutre de ainda maior vigor, pois a Lei 11.101/2005 regulou inteiramente a ação de restituição, revogando, portanto, as normas anteriores, que com ela entrem em conflito, na forma do artigo 2º, § 1º, da Lei de Introdução ao Código Civil. Ao fazê-lo, a novel legislação regulou as restituições especiais, como a do adiantamento sobre o contrato de câmbio de exportação (artigo 86, II), bem como a restituição excepcional, das coisas vendidas a crédito e entregues à falida, nos 15 dias anteriores à quebra (artigo 85, parágrafo único).

Mas silenciou acerca da ação de restituição movida pelo INSS, cuja previsão está na Lei 8.212/1991. Assim, relativamente a essa pretensão, somente será viável se, no caso concreto, sub-rogar-se integralmente à hipótese fática da ação de restituição ordinária, cujos pressupostos constam do *caput* do artigo 85, a saber, a arrecadação indevida de bem de terceiro no processo de falência (ato do síndico), ou posse do bem em mãos do devedor na data da quebra.

Nesse sentido, os julgados formados ainda sob o pálio da legislação anterior, agora revigorados com novos argumentos, a saber:

EMENTA: FALÊNCIA. RESTITUIÇÃO DE CONTRIBUIÇÕES PREVIDENCIÁRIAS EM PODER DA MASSA FALIDA. Contribuições previdenciárias descontadas dos empregados e não repassadas ao INSS ensejam a restituição, que não poderá se sobrepor aos créditos trabalhistas. Natureza alimentar, constitucionalmente protegida. Juros. Não incidência. Apelo desprovido.[11]

EMENTA: FALÊNCIA. CONTRIBUIÇÃO PREVIDENCIÁRIA. INSS. RESTITUIÇÃO. JUROS LEGAIS. Juros moratórios incidentes desde a data de retenção dos descontos feitos junto aos empregados, referentes às contribuições do INSS, não podem ser objeto de restituição porque não foram arrecadados entre os bens da massa. Apelo improvido. Voto vencido.[12]

EMENTA: APELAÇÃO CÍVEL. FALÊNCIA. RESTITUIÇÃO. DESCONTOS DE CONTRIBUIÇÕES PREVIDENCIÁRIAS DOS EMPREGADOS. Juros moratórios incidentes desde a data de retenção dos descontos feitos junto aos empregados, referentes às contribuições do INSS, não podem ser objeto de restituição porque não foram arrecadados entre os bens da Massa. APELO IMPROVIDO.[13]

EMENTA: APELACAO CIVEL. FALENCIA. RESTITUICAO. INSS. PRIORIDADE DOS CREDITOS TRABALHISTAS. Em processo de falência o pagamento dos créditos trabalhistas tem prioridade sobre a devolução de valor objeto de pedido restituitório, por sua natureza social e alimentar, bem como por possuírem tutela constitucional. Apelo provido. Unanime.[14]

Ricardo Negrão, outrossim, adverte que "a jurisprudência ressalvava que se os salários não tivessem sido efetuados, só após esse pagamento teria lugar a restituição à instituição previdenciária, se a massa tivesse recursos.[15]

102. Do Procedimento para a Decretação da Falência – Das presunções de insolvência

A doutrina denomina fase declaratório-constitutiva, aquela que vai desde o pedido de falência até sua decretação ou não. Para titular a pretensão de falência do devedor, o credor deverá estar munido de

---

[11] APELAÇÃO CÍVEL Nº 70009373598, SEXTA CÂMARA CÍVEL, TRIBUNAL DE JUSTIÇA DO RS, RELATOR: NEY WIEDEMANN NETO, JULGADO EM 27/10/2004.

[12] APELAÇÃO E REEXAME NECESSÁRIO Nº 70005069786, QUINTA CÂMARA CÍVEL, TRIBUNAL DE JUSTIÇA DO RS, RELATOR: MARCO AURÉLIO DOS SANTOS CAMINHA, JULGADO EM 05/06/2003.

[13] APELAÇÃO CÍVEL Nº 70005401013, QUINTA CÂMARA CÍVEL, TRIBUNAL DE JUSTIÇA DO RS, RELATOR: ANA MARIA NEDEL SCALZILLI, JULGADO EM 27/02/2003.

[14] APELAÇÃO CÍVEL Nº 70001988393, SEXTA CÂMARA CÍVEL, TRIBUNAL DE JUSTIÇA DO RS, RELATOR: JOÃO PEDRO PIRES FREIRE, JULGADO EM 19/12/2001.

[15] NEGRÃO. Ricardo. *Aspectos Objetivos da LRF*. 2005. Saraiva, p. 135.

um título executivo, judicial ou extrajudicial, vencido, impago e protestado.

O artigo 94, a seu turno, estabelece as presunções de insolvência da nova lei:

I – o não pagamento no vencimento, sem relevante razão de direito, de obrigação líquida materializada em título ou títulos executivos protestados cuja soma ultrapasse o equivalente a 40 (quarenta) salários-mínimos na data do pedido de falência; e,

II – em execução por qualquer quantia líquida, o não-pagamento e a omissão no depósito ou nomeação à penhora de bens suficientes dentro do prazo legal.

Quanto a essa última hipótese, a nova lei facilitou o manejo da ação na realidade prática da execução, introduzindo o § 4º, que possibilita que o pedido de falência seja instruído com a certidão do juízo onde se desenrolou a execução singular, que restou órfã de nomeação de bens ou depósito da coisa ou quantia reclamada.

A presunção do inciso I do artigo 94 pode ser afastada se o devedor provar relevante razão de direito para o não-pagamento da dívida, podendo alegar as matérias de defesa previstas no artigo 96.

O § 2º do mesmo artigo 96 apresenta uma inovação, pois a defesa que se proponha a demonstrar apenas que o valor da dívida é menor, poderá não ser bem-sucedida, se "ao final, restarem obrigações não atingidas pelas defesas em montante que supere o limite"de 40 salários mínimos.

Em ambas as hipóteses (incisos I e II do artigo 94), poderá o devedor elidir a falência, depositando o valor integral, com juros, honorários e correção monetária, na forma do artigo. 98, parágrafo único.

Para ambas as formas defensivas, o prazo é de dez dias.

103. Atos de falência

Além dessas previsões, o inciso III do artigo 94 estabelece o que a doutrina denomina atos de falência, pelos qual o devedor:

a) procede à liquidação precipitada de seus ativos ou lança mão de meio ruinoso ou fraudulento para realizar pagamentos;

b) realiza ou, por atos inequívocos, tenta realizar, com o objetivo de retardar pagamentos ou fraudar credores, negócio simulado ou alienação de parte ou da totalidade de seu ativo a terceiro, credor ou não;

c) transfere estabelecimento a terceiro, credor ou não, sem o consentimento de todos os credores e sem ficar com bens suficientes para solver seu passivo;

d) simula a transferência de seu principal estabelecimento com o objetivo de burlar a legislação ou a fiscalização ou para prejudicar credor;

e) dá ou reforça garantia a credor por dívida contraída anteriormente sem ficar com bens livres e desembaraçados suficientes para saldar seu passivo;

f) ausenta-se sem deixar representante habilitado e com recursos suficientes para pagar os credores, abandona estabelecimento ou tenta ocultar-se de seu domicílio, do local de sua sede ou de seu principal estabelecimento;

g) deixa de cumprir, no prazo estabelecido, obrigação assumida no plano de recuperação judicial.

Para obter a decretação da falência com base no inciso III do artigo 94 da Lei 11.101/2005 (à semelhança do artigo 2º do Decreto-Lei 7.661/45), deverá o credor provar a prática de atos de falência.

Na prática processual, é muito rara essa possibilidade, por se constituir em prova dificílima que, ademais, demanda contraditório e, já nesse ponto, os embaraços processuais para o credor passam a ser imensos, pela necessidade de publicação de editais para citação de réu em geral ausente, após esgotar os meios de sua localização, o que exige meses de buscas e realização de despesas processuais elevadas.

104. Hipóteses de não-configuração de ato de falência

O principal destaque é ter a lei nova abandonado a hipótese do artigo 2º, III, do Decreto-Lei 7.661/45, de convocação de credores para propositura de "dilação, remissão de créditos ou cessão de bens", como ato de falência. A hipótese agora vem regulada como exercício de um legítimo direito, qual seja, o de buscar a RECUPERAÇÃO EXTRAJUDICIAL (artigos 161 e seguintes).

Além disso, qualquer uma das hipóteses previstas nas alíneas de "a" até "f" do inciso III do artigo 94 poderá não configurar ato de falência, se sua execução for prevista em plano de recuperação como parte deste (parte final do inciso III do artigo 94).

Essa redação, da forma como está, repugna à consciência jurídica. Jamais se poderia admitir chancela jurídica e inclusão em plano de recuperação de atos ímprobos ou temerários como "liquidação precipitada", "uso de meio ruinoso ou fraudulento para realizar pagamentos"; "negócio simulado" e outros desenganadamente fraudulentos e inadmissíveis, mencionados nas alienas de "a" a "f" do inciso III do mencionado artigo 94.

A disposição deve ser interpretada de modo correto, para eximir o legislador do pecado de legislar o ilícito. Assim, os atos lícitos previstos no plano de recuperação aprovado, que, todavia resulte frustrado em seus objetivos, vindo a falir o devedor, não serão equiparados a atos de falência, ainda que a aplicação do plano, executado parcialmente, tenha resultado em benefício de algum dos credores, ou em liquidação de parte do patrimônio do devedor.

Esse o escopo razoável da norma, para que não se conclua pelo absurdo.

Assim, especialmente o previsto na aliena "b", parte final, "alienação de parte ou totalidade de seu ativo a terceiro, credor ou não", é conduta que, no contexto da tentativa de recuperação, não conterá intenção maliciosa, se a alienação se deu para solver dívida anterior, que por seu vulto ou prioridade comprometeria o esforço de recuperação, se não fosse saldada.

Também a "transferência do estabelecimento (...), sem o consentimento de todos os credores "(alínea "c"), não será ilícita, nem constituirá ato de falência, se aprovado no plano, ainda que sem a unanimidade dos credores, visto que o *quorum* de aprovação se satisfaz com a maioria dos presentes.

Vista sob esse ângulo, a norma se torna de óbvia compreensão, mas faltou ao legislador maior esforço para redigi-la adequadamente.

Essas aparentes minúcias são relevantes para o correto entendimento da Lei e devem ser constantemente debatidas e esclarecidas pela Doutrina, porque uma das causas dos maus resultados na aplicação do Decreto-Lei 7.661/45, entre nós, foi exatamente o pouco conhecimento da legislação e sua deficiente aplicação por alguns de seus operadores.

Assim compreendida a matéria, as alterações trazidas pela nova lei são importantes, porque colocam a legislação em consonância com os hábitos de seu povo, segundo um razoável padrão de moralidade na condução de seus negócios, sem a hipocrisia da regra anterior.

A crise financeira não mais é vista como uma infâmia, mas tratada de modo pragmático, a ensejar condutas mais responsáveis do empresariado.

105. Valor mínimo

A principal mudança está em um dos requisitos de admissibilidade da ação de falência, que somente poderá ser processada se o valor impago for superior a 40 salários mínimos (hoje mais de R$ 12 mil). Ficam assim impedidas as ações por valores inferiores a esse patamar, fórmula imperfeita (mas outra não foi encontrada) de evitar a instauração de processos por dívidas de pequeno valor, vistas como injustificáveis diante da complexidade que encerra a espécie.

Mas ressalva o § 1º do artigo 94 que os credores podem-se reunir em litisconsórcio a fim de perfazer o limite mínimo para o pedido de falência.

106. Prática processual

Uma indagação vem à mente: na hipótese da convolação da recuperação judicial em falência, dever-se-ia também levar em conta o valor da obrigação descumprida pelo devedor? A indagação remete a aspecto de técnica processual estrita, que deverá ser seguida pelo advogado que vá subscrever o pedido de falência. Se a dívida superar os 40 salários mínimos, poderá ele requerer a falência com base no artigo 94, I.

Se inferior a dívida àquele patamar, deverá ser a quebra requerida, não com fundamento no artigo 94, I; mas, exclusivamente pela prática de ato de falência, na forma explicitada no artigo 94, III, "g", deixar de "cumprir, no prazo estabelecido, obrigação assumida no plano de recuperação judicial".

Em se tratando de obrigação vencida quando já decorrido o biênio da recuperação, ainda que não sentenciado o encerramento da recuperação, induvidoso que o pedido de falência somente poderá ser admitido se veiculada a ação de falência, devendo o subscritor cuidar para que o fundamento do pedido seja corretamente mencionado.

Se tratar-se de obrigação vencida ainda no período de processamento da recuperação, basta a simples comunicação do fato ao juiz da recuperação e o pedido de convolação da recuperação em falência, com menção ao dispositivo referente ao ato de falência praticado.

107. Prazo para contestação ou elisão do pedido de falência

O prazo para contestação foi significativamente dilatado, sendo agora de 10 dias. Logicamente, contados da juntada do mandado de citação aos autos, como determina a norma de processo civil, subsidiariamente aplicável (artigo 189). Incorporou-se à legislação, o entendimento da Súmula 29 do STJ, razão pela qual são devidos honorários advocatícios, correção monetária e juros, no depósito elisivo (artigo 98, parágrafo único).

108. Da recuperação judicial incidente à falência

Segundo se lê no artigo 95, "dentro do prazo de contestação, o devedor poderá pleitear sua recuperação judicial". Feita a apresentação do pedido de recuperação "dentro do prazo"(sic!), a matéria será oposta como defesa na contestação à ação de falência (artigo 96, VII). Deverá, pois, tempestivamente, o devedor ajuizar a recuperação e suscitar que o fez como matéria de contestação.

Esse conjunto de medidas suspenderá o curso da ação de falência, e tudo passará a se desenrolar nos termos dos procedimentos previstos para a recuperação judicial (artigo 51).

Não é preciso dizer que, se for infrutífera a tentativa de obter a recuperação, será esta convolada em falência. Mas, se concedida a recuperação, mesmo assim, no final, tudo poderá desandar em falência novamente e, quiçá, em novo pedido de recuperação.

É possível imaginar-se o desânimo dos credores, diante da tantas e tantas disjuntivas processuais. Por essa razão, ao analisar os requisitos do artigo 48, para admissão do pedido de recuperação, entendíamos que, além do impedimento à concessão da recuperação, se já concedida a menos de 5 anos, o legislador de 2005 poderia ter mantido a vedação ao devedor que tenha descumprido o plano de recuperação homologado há mais tempo, analogia possível com a norma existente no artigo 140, inciso VI, *in fine*, da norma de 1945, aplicável à concordata. Esse prazo de 5 anos, em se pensando em processo de falência, não é demasiado longo.

Essas, enfim, as mudanças mais significativas, no que pertine à fase declaratória da falência.

Sobre verificação de créditos, já foi examinado longamente, nas disposições comuns à recuperação judicial, sendo apenas de destacar que ao falido agora incumbe apresentar a relação de seus credores (artigo 99, III), diversamente do que ocorria na lei anterior. Sua omissão poderá resultar em crime de desobediência.

109. Meio recursal

Reeditando o saber da legislação revogada, o artigo 100, dispõe que "da decisão que decreta a falência cabe agravo, e da sentença que julga a improcedência do pedido cabe apelação".

Decretada a quebra, o feito prossegue, fazendo as vezes de uma decisão interlocutória, conseguintemente atacável mediante agravo. Já a improcedência do pedido encerra uma decisão terminativa, por isso, apelável.

110. Termo legal – Período suspeito – Ação revogatória – Ação de responsabilidade dos sócios

Seguindo paulatina evolução legislativa, que vem desde quando a matéria era regulada no Código Comercial (nesta parte revogado), mais uma vez ampliou-se o termo legal da falência, que era de 40 dias anteriores ao primeiro protesto, na legislação do Império, passando para 60 dias no Decreto-Lei revogado; e, agora, passa a ser de 90 dias, sendo o prazo máximo do termo legal fixado em 90 dias retroativos ao pedido ou ao 1º protesto (artigo 99, II).

O termo legal tem por escopo precipuamente as hipóteses de ineficácia arroladas no artigo 129, I, II e III. Mas esta possibilidade restou em certa medida esvaziada, diante da possibilidade de o devedor prever em plano de recuperação a prática de atos negociais que se confundem com as condutas descritas no artigo 129. A seu turno, o artigo 74 presume serem válidos os atos praticados no plano de recuperação.

Como já expusemos, em nosso entender, o plano da validade aqui abrange também o da eficácia.

Assim, embora ampliando o termo legal, o legislador, na prática, restringiu a possibilidade de manejo da declaração ineficacial, ou mesmo da ação revogatória (pauliana falencial)

O chamado período suspeito continua a ser o de dois anos anteriores à quebra. Tornou-se também, se não inócuo, meramente enunciativo da suspeição de possível deterioração do estado econômico do devedor.

Sua utilidade será apenas para casos concretos, a serem aplicados por ANALOGIA às hipóteses dos incisos IV e V do artigo 129, pois as condutas ali descritas literalmente, na prática, não têm ocorrência efetiva.

Nesse ponto, alguns devedores são realmente criativos em fórmulas para engendrar simulações e atos em prejuízo dos credores.

O prazo para propositura da ação revogatória foi fixado em até 3 anos após a decretação da quebra. Aqui também não houve propriamente uma ampliação, mas a fixação de um prazo, que pela norma anterior vinculava-se à publicação do edital de início de liquidação (artigo 114), que poderia sobrevir muitos anos após o decreto de falência.

Mas em certas hipóteses também poderia estar próximo à decisão de quebra, se feita liquidação antecipada de bens da massa. Assim sendo, a norma estabeleceu um termo médio.

No caso de sociedades empresárias de responsabilidade limitada, quem pode falir é a sociedade, não o empresário.

Já nas de responsabilidade ilimitada, os sócios passam a ser considerados também falidos, razão pela qual devem ser citados para a ação, pela existência de litisconsórcio necessário.

Limitou-se o prazo para propositura da ação de responsabilidade dos sócios, dos controladores e dos administradores, para dois anos após o encerramento da falência (artigo 82, § 1°). Admitir a apuração da responsabilidade de terceiros após o encerramento da falência, aparentemente, é absurdo, porquanto, com o encerramento da quebra, deixa de existir massa falida, decaindo o administrador judicial de sua representação, extinguindo-se a competência do juízo universal e, por decorrência, o interesse jurídico da universalidade representada na massa subjetiva.

Por conseguinte, tornar-se-ia uma ação de direito comum, a ser manejada pelo credor interessado.

O principal óbice, porém, é que não havendo mais a falência, não poderá haver conexão entre a ação civil proposta contra os sócios, controladores ou administradores e a empresa outrora falida, ficando ela livre para, na forma do artigo 158, requerer a extinção de todas suas obrigações.

Se o pedido de extinção for baseado nos artigos III e IV do mencionado dispositivo, a ação civil restará sem objeto.

Assim, a apuração de responsabilidade pessoal deve ser feita no curso do processo de falência, pela administração da massa, para oportunizar a arrecadação dos bens pela massa, sua liquidação e conseguinte satisfação dos credores, na ordem de suas preferências.

A ação de responsabilidade dos sócios, acionistas e administradores, terá sempre por fundamento a responsabilidade aquiliana, qual seja, a responsabilidade por ato ilícito, a ser demonstrada e provada pelo autor, embora não prescinda de prévia liquidação do ativo ou de prova da insuficiência do acervo arrecadado para cobrir o passivo, demonstração expressamente dispensada (*caput* do artigo 82).

111. Ritos especiais – Abolição

A nova lei de falências aboliu qualquer outro rito especial, como aquele aplicável às pequenas falências (falência Sumária) e à falência frustrada. Faltou criatividade ao legislador, o que causará embaraços ao cotidiano forense.

O legislador está desfocado do Brasil real. Somente concebe a falência de portentos empresariais e esquece a raia miúda. Mas é esta que, infelizmente, responde por mais de 90 por cento do movimento cartorário nas varas especializadas em processos de falência.

O rito sumário na lei anterior objetivava a liquidação rápida em processos cujos créditos habilitados fossem de pequena monta. Na aparência, a solução da Lei 11.101/2005 para esse problema seria bloquear esses pedidos de falência no nascedouro, pela só-criação de um valor de alçada (40 salários mínimos). Ledo engano. Um passivo total igual ou pouco superior a esse montante não justifica o pesado rito ordinário estabelecido como único. Deveria a norma ter previsto algum mecanismo de simplificação.

Outrossim, o legislador descurou das empresas com pouco lastro patrimonial (falência frustrada), como representações comerciais, prestadoras de serviços, ateliês, bares, pequenas padarias, oficinas mecânicas de fundo de quintal, borracharias, pequenas empreiteiras de mão-de-obra e assim por diante.

Essas pequenas unidades econômicas podem angariar alto endividamento, mas poderão apresentar, no momento da arrecadação de bens, ativo insignificante ou inexistente. O processamento desse tipo de falência deveria ser condicionado ao pagamento de todas as despesas do processo pelos interessados, sob pena de extinção.

Abortar-se-iam atos processuais inúteis. Alternativas havia, mas, os operadores da legislação não foram ouvidos, limitado que estava o Congresso às pressões do Governo, bancos e grandes empresas aéreas.

A alternativa para alterar a pesadíssima fórmula de venda em leilão, por propostas ou pregão, seria a de convocar assembléia de credores para aprovar outra forma de liquidação, pelo voto de 2/3. É um despropósito.

Resta, apenas, a previsão isolada do artigo 144 da Lei de Recuperação e Falências, pela qual o juiz "poderá autorizar" modalidades de alienação diversas das previstas no artigo 142, "havendo motivos justificados" e a requerimento do Administrador Judicial ou do Comitê, se houver.

Os juízes e administradores judiciais que labutam no ramo é que deverão esmerar-se para resolver os problemas causados pela incúria legislativa.

Seção VI
Da Falência Requerida pelo Próprio Devedor (artigos 105 a 107)

112. Natureza jurídica da autofalência na legislação anterior e modificação da Lei 11.101/2005

A autofalência nada mais é do que a falência requerida pelo próprio devedor. Confessar-se falido é uma obrigação do comerciante que não pagasse pontualmente suas obrigações na regra do Decreto-Lei 7.661/45.

Como toda a disposição de cunho draconiano, esta foi caindo em desuso, podendo-se asseverar que, na prática forense, a regra era a da inobservância do preceito.

Com a promulgação da Lei 11.101/2005, o requerimento de autofalência passou a ser uma prerrogativa do devedor, como se extrai do artigo 105, *in verbis*: "O devedor em crise econômico-financeira que julgue não atender aos requisitos para pleitear sua recuperação judicial deverá requerer ao juízo sua falência, expondo as razões da impossibilidade de prosseguimento da atividade empresarial (...) ".

113. Finalidade da manutenção do instituto

Na legislação anterior, visto que quase nenhum devedor confessaria sua falência, seu uso objetivava, quando revestido de seriedade, uma oportunidade de reorganização do negócio, com vista à oportuna impetração da concordata suspensiva, se o concordatário não atendesse os requisitos para a concordata preventiva. Explica-se: na preventiva, a exigência de patrimônio de mais de 50% do ativo e inexistência de protestos poderia inviabilizar o pedido, ao passo que na concordata suspensiva esses requisitos eram mais brandos.

Mas no mais das vezes, era um recurso desesperado, na tentativa de antecipar-se ao iminente pedido de falência, ou até mesmo para fraudar credores. Será diferente agora, quando sequer existe a obrigação legal de confessar-se falido?

Aparentemente, a lei manteve o instituto como figurino sob medida, ao devedor que tenha sido condenado em vultosa ação movida por empregados. No bojo da condenação trabalhista, a autofalência redundará em vantagem, sempre que cercada de certas cautelas prévias do devedor, pois com a medida obterá a limitação do valor a ser pago preferencialmente aos credores trabalhistas, até 150 salários mínimos.

Além disso, processada a quebra, poderá beneficiar-se da futura extinção das obrigações, desde liquidados todos os bens e pagos os credores nos limites das forças do acervo.

Capítulo VI
Da Recuperação Extrajudicial (artigos 161 a 167)

114. A "convocação de credores" como ato de falência, no Decreto-Lei 7.661/45

O principal dilema do direito falencial brasileiro, desde o Império, foi conseguir estabelecer na legislação qual o fato que exterioriza com maior grau de certeza jurídica a insolvência da entidade empresarial.

Assim, no regime imperial, a cessação de pagamentos se constituía, na Lei 566, de 5 de junho de 1850 (Código Comercial, ainda hoje em vigor), em sua redação original, por excelência, o fato caracterizador da falência.

Como provar dita "cessação de pagamentos", quando o próprio devedor não a confessasse? As dificuldades eram imensas, a ensejar toda a sorte de manobras do devedor. Daí por que evoluiu o direito pátrio, já na República, para um sistema que apresenta um conjunto de presunções, sendo a principal delas a da existência de protesto de título executivo juridicamente válido, representativo de dívida líquida, certa e exigível, impaga, na forma estatuída por último no artigo 1º do Decreto-Lei 7.661/45.

Já para obter a decretação da falência com base no artigo 2º do mencionado Decreto-Lei, deveria o credor provar a prática de atos de falência. E, dentre estes estava o da convocação de credores para propositura de "dilação, remissão de créditos ou cessão de bens, como ato de falência".

Tamanho rigor da norma deve ser debitado ao clamor público pelas fraudes que ensejaram os institutos do acordo extrajudicial, na legislação de 1908.

Esse procedimento, agora, longe de constituir ato de falência, é um direito subjetivo do devedor, regulado pela lei.

Essa modificação positiva, no entanto, restou reduzida, pelo excesso de regramento, em sua expressão de liberdade contratual e autonomia da vontade.

Inicialmente, obriga o devedor a cumprir requisitos legais idênticos aos exigidos para propositura de ação de recuperação judicial, por força do artigos 161, pelo qual, "o devedor que preencher os requisitos do artigo 48 poderá propor e negociar com credores plano de recuperação extrajudicial".

Ora, qualquer pessoa física ou jurídica, dotada de capacidade, pode novar obrigações na ordem comercial. Se a convocação de credores não se constitui mais em ato de falência, não há razão para a ordem jurídica criar restrições artificiais ao direito de contratar.

115. Precedentes no Direito brasileiro

A espécie assemelha-se à moratória extrajudicial, vigente na legislação imperial, e o acordo extrajudicial, da primeira legislação da República (Decreto 917, de 24 de outubro de 1890), este dependente da concordância de 3/4 do passivo e da homologação judicial.

116. O Imperador e o Rei

Conta a História que o Barão de Mauá, endividado pelas despesas realizadas na construção da ferrovia Rio-São Paulo, e traído pelos ingleses, que se haviam comprometido a financiar a obra, ficando às portas da falência, não conseguiria cumprir o requisito de concordância dos credores do seu banco, espalhados pela América Latina, aos milhares, muitos deles formando grupos enfurecidos, pela perda de seus investimentos. Obteve junto à Coroa a mudança da legislação, abrandando a exigência de concordância dos credores e admitindo a representação em assembléia por procuração. Mas, não era suficiente.

Necessitava o apoio financeiro da Coroa. Até nisso, Mauá mostrou ser um pioneiro, pois ali estava o primeiro caso documentado de crise sistêmica do sistema financeiro, sendo, portanto, o idealizador do primeiro PROER.

Suas intenções esbarraram em conselheiros palacianos que obstaculizaram seus projetos, disseminando boatos e intrigas. Entre estes, espalhavam que o povo dizia haver um Imperador e um Rei, este o próprio Mauá.

Temendo ser desmoralizado, Dom Pedro II abandonou Mauá à própria sorte. Este tentou, na Justiça, uma ação de indenização por quebra de contrato, mas de modo aberrante, foi decidido que a matéria deveria ser submetida às Cortes Inglesas.

Falido, pagou todos os seus credores, tendo vendido até o último de seus bens particulares. Chegou a tornar-se, depois, mais uma vez, um dos homens mais abastados do País.

117. Reintrodução do acordo extrajudicial no Direito brasileiro

Consolidada a República, após penosa evolução legislativa, no apagar das luzes do Governo de Getúlio Vargas, promulgou-se o Decreto 7.661/45, que vigorou até hoje, entre nós.

Então, a exigência de concordância dos credores foi abolida, concedendo a Lei a Concordata, expressão que significa a concordância legal com a moratória, desde que atendidos requisitos de idoneidade do devedor e de lastro patrimonial mínimo.

Retorna, com a Lei 11.101/2005, o instituto da exigência de concordância dos credores (a concordata!), revelando a História que sua aplicação é difícil, quando o escopo seja o da reestruturação de empresas de grande porte, mormente no estágio de economia globalizada em que se encontra a capitalismo.

118. Limitações ao direito de negociação em processos de recuperação extrajudicial – Exclusão dos Créditos tributários e trabalhistas

O § 1º do artigo 161 reza que "não se aplica o disposto neste Capítulo a titulares de créditos de natureza tributária, derivados da legislação do trabalho ou decorrentes de acidente de trabalho, assim como àqueles previstos nos artigos. 49, § 3º, e 86, inciso II do *caput*, desta Lei".

Embora até mesmo as pessoas jurídicas de direito público interno, há muito, venham admitindo renegociação de passivos tributários, nenhuma objeção a que não participem de processos privados de negociação, dada a natureza pública de seus créditos.

O mesmo, todavia, não se pode dizer dos trabalhadores !

A classe operária, no Brasil, já atingiu um grau de maturidade e organização, próprios das sociedades de democracia avançada. Tanto, assim, que elegeu um representante seu para a Presidência da República. Efetivamente, não há mais qualquer sentido em normas que limitem ou restrinjam a participação dos obreiros em negociações. Pelo contrário, a negociação deve ser estimulada como forma de autocomposição dos litígios nas relações de trabalho.

Em 1991, fomos organizadores de um amplo Seminário, na Universidade Católica de Pelotas, cujo tema foi *Contrato Coletivo de Trabalho*.

Dele participaram figuras exponenciais como Otávio Bueno Magano (advogado da FIESP), Mozart Victor Russomano (Ministro aposentado do TST), Flávio Benitez (advogado do Sindicato dos Metalúrgicos do ABC), Flávio Obino Filho (advogado dos sindicatos patronais ligados ao Comércio no RS), Pedro Maurício Pita Machado (advogado de entidades do funcionalismo público), Geraldo Nogueira da Gama (advogado de bancos e seguradoras, então Secretário Estadual da Justiça), Ricardo Carvalho Fraga (Juiz do Trabalho, hoje integrando o Egrégio TRT da 4ª Região), todos professores e doutrinadores, além de outros juristas ligados ao sindicalismo trabalhista e patronal. Todos, em uníssono, já naquela época, apontavam a necessidade de valorização do processo de negociação coletiva trabalhista, sendo que as divergências de opiniões se situavam em temas específicos, como a manutenção ou não do poder normativo da Justiça do Trabalho, do princípio da data-base e da unicidade sindical, bem como na adoção ou não do contrato coletivo de trabalho nacionalmente articulado ou por empresas.

Desde então, muitas modificações tiveram lugar, especialmente, no que tange aos processos de autocomposição de litígios, valorizada que foi a mediação e arbitragem, pela redação dada ao artigo 114 da Constituição, e tornada compulsória a negociação prévia ao dissídio coletivo, por força da orientação jurisprudencial do Colendo TST.

Essas posições, já demarcadas naquele longínquo ano, agora estão novamente em disputa no Fórum Nacional do Trabalho, lançado pelo Governo Federal, para discutir a reforma trabalhista.

Pois bem: O legislador falencista parece ter ignorado a realidade do mundo do trabalho e das relações trabalhistas, omitindo que é obrigatória a participação do sindicato na negociação coletiva das cláusulas econômicas dos contratos individuais de trabalho, especialmente, no caso de redução de salários, compensação de horários e redução da jornada de trabalho.

Tornou, assim, de difícil aplicação como meio de recuperação, as medidas previstas no artigo 50, VIII. Por outro lado, está a induzir os empregadores a demitirem em massa ou não cumprirem as obrigações salariais, como já foi examinado neste trabalho.

Ao impedir a participação dos trabalhadores no processo de recuperação extrajudicial, o legislador criou ainda mais prejuízos à classe operária, pois em que pese o possível apelo protetivo aos empregados, gerou um paradoxo de difícil solução, que, mais uma vez, vai prejudicar especialmente aquelas classes de trabalhadores mais humildes, ou com menor poder de negociação e força sindical.

Ao vedar a aplicação de plano de recuperação extrajudicial aos empregados, a lei obrigará, forçosamente, o empregador que esteja às voltas com dificuldades para o pagamento dos créditos trabalhistas, a lançar mão da recuperação judicial (impossibilitado que foi de abrir negociação extrajudicial), e aquela, como já abordado anteriormente, é altamente lesiva aos interesses dos empregados, sobre os quais recaíram quase integralmente os ônus da nova concordata.

Muito melhor solução seria a de facultar ao empresário suscitar a negociação coletiva com o sindicato de trabalhadores, sempre que instaurado procedimento de recuperação extrajudicial (e mesmo judicial), oportunizando acionar as vias de mediação e arbitragem, já bastante bem consolidadas no âmbito das classes patronais e de trabalhadores.

Não poderia, no entanto, passar em branco a necessidade de flexibilizar, nestes casos, o princípio da data-base e criar, no âmbito das Turmas de Dissídios Coletivos dos Tribunais do Trabalho, alguma via processual específica e simplificada para homologação dessas transações, visando a não sobrecarregar a pauta daqueles órgãos, respeitando a norma constitucional.

A recaída do legislador no paternalismo autoritário nas relações de trabalho, mais uma vez, prejudica a aplicação de princípios de liberdade e autonomia de organização e negociação sindical, em Convenções Internacionais de que o Brasil é signatário, como a Convenção 87 da OIT.

Assim induzido pela lei que traduz retrocesso social, o empresário que estiver às voltas com elevado passivo trabalhista, ao invés de sentar à mesa de negociações com o sindicato da categoria dos empregados, no bojo de um processo extrajudicial de recuperação, preferirá (em que pese todo seu possível humanismo social e cristão) ingressar com processo judicial de recuperação, garantindo suspensão de execuções por 180 dias, quase seis meses para pagamento de apenas 5 (cinco) salários mínimos por trabalhador, previsão de 1 ano para adimplemento das demais obrigações trabalhistas, inclusive o FGTS, e, se inviável a recuperação, não tergiversará em pedir a autofalência, fraudando as legítimas expectativas desses assalariados, que deverão se contentar com indenizações em valores limitados a 150 salários, acima dos quais serão relegados à vala-comum dos quirógrafos.

Esses efeitos não foram anunciados à sociedade brasileira, quando se noticiou que a Lei de Falências seria modificada e que isso traria benefícios à população.

Que tais medidas não sejam prenúncio de outras piores, no bojo da reforma trabalhista em curso!

119. Outras limitações ao plano de recuperação

O artigo 49, § 3º, excluiu dos efeitos da recuperação judicial os créditos revestidos de garantias reais, ressalvando o direito de propriedade nos casos da alienação fiduciária, de arrendamento mercantil, reserva de domínio e promessa irretratável de venda (inclusive no caso de incorporações imobiliárias), inscrevendo ainda o respeito aos contratos. Igualmente, excluídos ficaram esses créditos da possibilidade de recuperação extrajudicial.

Também a recuperação extrajudicial não poderá prever cláusulas que modifiquem as condições de pagamento de dívidas dos exportadores referentes às importâncias por eles recebidas por adiantamento sobre contratos de câmbio de exportação.

O plano não poderá contemplar o pagamento antecipado de dívidas nem tratamento desfavorável aos credores que a ele não estejam sujeitos (§ 2º do artigo 161). Não fosse assim, instituir-se-ia verdadeira chantagem contra os credores que não concordassem com as condições propostas pelo devedor. Se não admitissem aderir ao plano, seriam por ele prejudicados. Vê-se por aí a importância da regra.

Outrossim, para tentar evitar que o pedido de recuperação se torne verdadeira "indústria", foram estatuídos limites objetivos como os do § 3º do artigo 161, que veda homologação de plano extrajudicial, se estiver pendente pedido de recuperação judicial ou se houver obtido recuperação judicial ou homologação de outro plano de recuperação extrajudicial há menos de 2 (dois) anos.

120. Características da recuperação extrajudicial

A nova moratória possui um aspecto que ajuda a superar a dificuldade de negociação coletiva, no contexto de um mercado nacional e internacional globalizado. A negociação e o plano de recuperação podem ser abrangentes da totalidade dos créditos, ou "fatiadas", para trazer à mesa de negociações apenas uma ou mais classes de credores (§ 1º.do artigo 163).

Não é obrigatória a homologação judicial da proposta aceita pela totalidade dos titulares dos créditos atingidos.

Porém, para valer contra todos os credores das classes a que pretenda atingir, a proposta de recuperação extrajudicial que não obtenha a adesão da totalidade dos titulares dos créditos atingidos deve ser judicialmente homologada, e somente será concedida se subscrita por mais de 3/5 dos credores de cada classe que pretenda abranger (artigo 163, *caput*).

Se o plano previr a alienação judicial de filiais e unidades produtivas isoladas, de igual sorte, deverá ser buscada a homologação judicial, facultativa para o devedor. Essa hipótese é a de que trata o artigo 162.

Todavia, ainda que obtendo a concordância de mais de 3/5 dos credores e referendada por chancela do Estado-Jurisdição, não tem força para operar a supressão ou substituição das garantias reais na alienação judicial (artigo 163, § 4º), nem pode obrigar o credor em moeda estrangeira a abrir mão da variação cambial (artigo 163, § 4º).

Fora dessas hipóteses, em concordando os credores que possam ser legalmente atingidos pela medida, nada obriga a que o devedor busque a homologação judicial.

121. Ausência de efeito suspensivo

O pedido de homologação judicial do plano de recuperação extrajudicial não acarretará suspensão de direitos, ações ou execuções, nem a impossibilidade do pedido de decretação de falência pelos credores não sujeitos ao plano de recuperação extrajudicial (artigo 161, § 4º). Os efeitos da proposta apenas serão verificados após a homologação judicial.

Contudo, pode o plano prever efeitos imediatos, mas estes somente valerão em relação aos credores signatários do plano.

Após a distribuição do pedido de homologação, os credores não poderão desistir da adesão ao plano, salvo com a anuência expressa dos demais signatários (artigo 161 § 5º). O mesmo se aplica ao devedor, por analogia com o disposto no artigo 51, § 4º. Somente com a anuência expressa dos credores poderá desistir.

122. Procedimento para homologação judicial do plano de recuperação extrajudicial

Para a homologação do plano de que trata este artigo, além dos documentos previstos no *caput* do artigo 162 desta Lei, o devedor deverá juntar:

I – exposição da situação patrimonial do devedor;

II – as demonstrações contábeis relativas ao último exercício social e as levantadas especialmente para instruir o pedido, na forma do inciso II do *caput* do artigo 51 desta Lei; e

III – os documentos que comprovem os poderes dos subscritores para novar ou transigir, relação nominal completa dos credores, com a indicação do endereço de cada um, a natureza, a classificação e o valor atualizado do crédito, discriminando sua origem, o regime dos respectivos vencimentos e a indicação dos registros contábeis de cada transação pendente.

Recebido o pedido de homologação do plano de recuperação extrajudicial previsto nos arts. 162 e 163 desta Lei, o juiz ordenará a publicação de edital no órgão oficial e em jornal de grande circulação nacional ou das localidades da sede e das filiais do devedor, convocando todos os credores do devedor para apresentação de suas impugnações ao plano de recuperação extrajudicial, observado o § 3º deste artigo (artigo 164), no prazo de 30 dias.

Além das publicações editalícias (§ 1º), no mesmo prazo, deverá o devedor comprovar o envio de carta a todos os credores sujeitos ao plano, domiciliados ou sediados no país, informando a distribuição do pedido, as condições do plano e prazo para impugnação, norma esta que olvida todos os avanços na área da tecnologia da informação.

Os credores terão prazo de 30 (trinta) dias, contado da publicação do edital, para impugnarem o plano, juntando a prova de seu crédito. Somente poderão alegar:

I – não preenchimento do percêntual mínimo previsto no *caput* do artigo 163;

II – prática de qualquer dos atos previstos no inciso III do artigo 94 ou do artigo 130, ou descumprimento de requisito previsto nesta Lei;

III – descumprimento de qualquer outra exigência legal.

123. Julgamento das impugnações

Sendo apresentada impugnação, será aberto prazo de 5 (cinco) dias para que o devedor sobre ela se manifeste (artigo 164, § 4º). "Com a vinda ou não da manifestação do devedor, os autos serão conclusos imediatamente ao juiz para apreciação de eventuais impugnações e decidirá, no prazo de 5 (cinco) dias, acerca do plano de recuperação extrajudicial, homologando-o por sentença se entender que não implica prática de atos previstos no artigo 130 desta Lei e que não há outras irregularidades que recomendem sua rejeição".

Este é o teor do § 5º do artigo 164, reeditando cansativas e ineficazes normas de prazos que não poderão ser cumpridos. E, ademais, se os credores dispuseram de 30 dias para impugnar, porque assinar somente cinco dias para o juiz decidir?

Reza, ainda, o § 6º do mesmo artigo (164) que "havendo prova de simulação de créditos ou vício de representação dos credores que subscreverem o plano, a sua homologação será indeferida".

124. Indeferimento do pedido por vício de representação

Relativamente, ao vício de representação, a matéria está muito mal equacionada pelo apontado dispositivo.

Trata-se aqui não da representação processual das partes, mas da representação do titular do crédito no documento que consubstancia a transação coletiva. A matéria deve ser examinada sob o plano de validade do negócio jurídico. Assim sendo, o vício do negócio jurídico poderá ou não invalidá-lo.

O legislador teve em vista a possibilidade de o devedor fraudar a representação dos credores no respectivo instrumento de transação, para assim obter fraudulentamente a recuperação.

Para essas hipóteses, sim, deve o juiz deixar de homologar o pedido, atentando que a conduta não é indiferente ao Direito Penal, muito embora a regra do artigo 164, § 4º, seja omissa sobre como deverá o magistrado agir, nessa hipótese.

A Lei, outrossim, não pode ser maniqueísta, prevendo somente a possibilidade de o devedor agir de má-fé. Nem sempre o credor age com a esperada lisura.

Assim, por exemplo, se o representante da empresa credora, que assinou o acordo, não detinha em contrato social os poderes para tanto, ou ainda se assinou por procuração e esta já perdera o prazo de validade, ou outras hipóteses semelhantes, há de se indagar se deverá ser o devedor prejudicado pelo ato culposo do credor.

A resposta há de ser negativa.

O artigo 118 obriga o representante a fazer prova de sua condição, qualidade e extensão de seus poderes, às pessoas com quem tratar em nome do representado.

A validade dos negócios jurídicos requer, primeiramente, agente capaz (artigo 104, I, do Código Civil Brasileiro). Os efeitos jurídicos da representação estão catalogados nos artigos 115 a 120 do Código Civil Brasileiro, mas estes tratam precipuamente das relações entre o representante e o representado.

Das nulidades do artigo 166 do Código Civil Brasileiro, a única que diz respeito à representação da parte no negócio jurídico é a do agente absolutamente incapaz (artigo 166, I, do CCB), hipótese em que o ato é desenganadamente nulo.

Mas, se simplesmente anulável, a obrigação admite confirmação (artigo 172 do CCB) expressa (artigo 173 do CCB) ou tácita (artigo 174 do CCB).

Assim, nas hipóteses em que se verificar ausência de poderes do representante, por culpa deste ou do credor, é imperioso que se examine se, por outro modo, a obrigação já não fora confirmada. E isso se dará nos termos do artigo 174 do Código Civil, com a conseqüência de extinguir todas as ações e exceções (artigo 175).

Destarte, até porque previsto que o plano poderá surtir efeitos imediatos, vale dizer pagamentos antecipados aos credores, por conta de futura homologação, não será demais verificar o juiz se estes credores já vêm recebendo valores nas novas condições previstas no plano de recuperação, estando concordes com as mesmas.

125. Conseqüências da prova de simulação de créditos pelo devedor

De outro lado, também, surge como possível hipótese de dolo do devedor a simulação de créditos. No caso da recuperação extrajudicial, a aludida simulação visaria a compor percentual necessário para aprovação de proposta, a que resistam os verdadeiros credores.

Nesse caso, a par de indeferido o pedido de homologação, deveria ser indagado sobre o efeito penal da conduta, abrindo o magistrado vista dos autos ao MP, por força do artigo 187, § 2º.

Mas o legislador parece ter sido tolerante com a prática de crimes em tese na fase de homologação do plano de recuperação extrajudicial, se esta não foi deferida. Assim, a simulação de crédito cogitada constitui crime falimentar previsto no artigo 175.

Mas o legislador deixou de relacionar o indeferimento do pedido de homologação judicial da recuperação extrajudicial, como uma das condições objetivas de punibilidade do crime tipificado como falimentar (artigo 180), se da prática destes resultou o indeferimento, o que seria uma norma de óbvia configuração para a espécie, incidindo assim em lacuna imperdoável.

Logo, embora o legislador tenha atribuído relevância penal na tipificação desse tipo de conduta, não haverá possibilidade de punição do devedor pela ação típica, antijurídica e culpável, por ausência das condições de punibilidade do agente.

Se constatada a prática ilícita, ainda que impossível a incriminação sob a descrição típica falimentar, ocorreria, no mínimo, em tese, por aplicação residual, a verificação das hipóteses concernentes ao estelionato e outras fraudes, ou de falsidade.

126. Do recurso cabível da sentença que defere ou indefere a recuperação extrajudicial

Da sentença, cabe apelação sem efeito suspensivo (artigo 164, § 7º). Aqui, o intérprete deve examinar as conseqüências da regra processual, à luz do que dispõe o § 2º do artigo 165.

Assim sendo, se o devedor vem efetuando pagamentos com base no plano não-homologado, a interposição de apelação pelo devedor não impedirá os credores de passarem a exigir imediatamente seus créditos nas condições originárias, deduzidos os valores efetivamente pagos.

Se o plano indeferido prevê que seus efeitos se processem somente após a homologação judicial, então a privação da apelação de seu natural efeito suspensivo em nada altera a situação do devedor perante seus credores.

127. Título executivo judicial

A sentença de homologação do plano de recuperação extrajudicial constituirá título executivo judicial, nos termos do artigo 584, inciso III, do *caput* da Lei nº 5.869, de 11 de janeiro de 1973 – Código de Processo Civil. (artigo 161, § 6º).

128. Efeitos jurídicos da não-homologação do plano de recuperação extrajudicial

Trata-se de procedimento típico de jurisdição voluntária, razão pela qual a não-homologação judicial não opera efeitos outros que a simples negativa da pretensão posta em juízo.

Não há a decretação da falência, diversamente do que ocorre na rejeição do plano de recuperação judicial (artigo 56, § 4º).

A rejeição também não impede que o credor apresente à homologação outro plano de recuperação extrajudicial (artigo 164, § 8º).

129. Admissão de outras modalidades de transação entre devedor e credores

Tão minudente foi a regulamentação do instituto que, ao final, foi preciso ressalvar, nos termos do artigo 167, que "o disposto neste Capítulo não implica impossibilidade de realização de outras modalidades de acordo privado entre o devedor e seus credores".

O artigo 167 soa revelador do desprestígio crescente da autonomia da vontade em nossa ordem jurídica, pois fez-se necessário enunciar gravemente que o disposto na lei não implica a vedação a outras possibilidades de negociação entre o devedor e seus credores.

Não fosse a ressalva legal, quiçá, nenhum devedor conseguiria nem mesmo renovar algum desconto de duplicata vencida, ou outras operações rotineiras.

Capítulo VIII
Disposições Finais e Transitórias
(artigos 189, 192 e 201)

130. Aplicação subsidiária do Código de Processo Civil

Embora operando mudanças profundas no regime dos recursos cíveis aplicados aos processos de que trata, a Lei 11.101/2005 deverá socorrer-se nas suas omissões, das normas processuais civis.

Já mencionamos alguns desses efeitos, como por exemplo, na verificação dos requisitos da petição inicial, na decretação de inépcia da inicial e outros acontecimentos processuais relevantes.

Um aspecto em especial a ser observado é relativamente ao regime das intimações. Na legislação anterior, os prazos na falência e na concordata corriam em cartório, independentemente de intimação.

Agora, por letra expressa da lei, ampliaram-se as hipóteses de intimação do administrador judicial, credores, devedor, MP. Esse fato causará impacto sobre a duração dos processos, por efeito das dificuldades do serviço cartorário.

131. Efeitos da ultratividade do decreto Lei 7.661/45 aos processos ajuizados anteriormente ao início de vigência da nova lei de falências

Perdeu-se a chance de dar melhor solução aos processos de falências e concordatas atualmente em curso e àqueles que ainda ingressarão até o fim da longa vacância legislativa de 120 dias, prevista no artigo 201 da Lei 11.101/2005.

Trata-se de milhares de processos em todo o País.

Por força do lamentável artigo 192 das disposições gerais, os operadores do Direito estão condenados a operarem com as conhecidas falhas do Decreto-Lei 7.661/45 até o final de todos os processos de falência ou de concordata que tenham sido requeridos ou que venham a ser ajuizados em data anterior ao início de vigência da nova lei.

Tal circunstância fica agravada pela dilatada *vacatio legis* prevista no artigo 201; nesse período poderão estar sendo ajuizadas ações cujo desfecho prolongar-se-á por anos e até décadas, mas ainda assim estarão os juízes, promotores, síndicos, partes, a conviver com a hipótese de antigos e novos processos de falências e concordatas jungidos à sistemática revogada.

Como se sabe, tais processos duram anos, alguns muitas décadas, com que o legislador condenou a todos nós, cidadãos brasileiros, a convivermos com o insepulto cadáver do Decreto-Lei 7.661/45, sem nenhuma possibilidade de melhoria quanto às suas deficiências, que são tópicas e conhecidas de todos os operadores da legislação, aliás pouco ouvidos na aprovação da Lei 11.101/2005.

A única providência cogitada pelo Legislador foi a casuística autorização genérica para que, em todos os processos de falências em curso, fique permitida a alienação antecipada dos bens, independentemente da formação de quadro geral de credores ou conclusão do inquérito judicial (artigo 192, § 1º).

Essa medida, de fato, pode significar a agilização de alguns processos, mas não é a solução dos problemas, o que adviria com a aplicação integral da nova sistemática aos processos em curso, pelo menos no que toca à fase de liquidação da falência.

Além disso, sequer o texto do mencionado dispositivo enuncia se, no tocante à alienação dos bens arrecadados nos autos das falências em curso, serão aplicadas as normas da lei nova ou da antiga, o que, se não se apresenta como falha legislativa clamorosa, seria no mínimo uma lacuna.

Afinal, se a lei nova apresenta novas possibilidades e formas de alienação dos bens arrecadados, qual motivo impediria de aplicá-los aos processos em curso, uma vez tendo o legislador autorizado a alienação antecipada, que contraria o processo falimentar comum, segundo as diretivas do Decreto-Lei 7.661/45 ?

Pareceria lógico que, em se tratando de liquidação, tivessem vigência desde já as novas regras, que consagram aspectos de maior celeridade, além de novas formas de alienação, melhores condições de adjudicação pelos credores, dentre outras vantagens. Acreditamos que a jurisprudência o fará.

Mas tal conclusão significa que em seu nascedouro a lei nova já produzirá um movimento jurisprudencial de interpretação contra *literam legis*, o que não a prestigia, como diploma de direito positivo.

Não param nisso os problemas. Pelo § 1º do artigo 192, parte inicial ficou vedada à empresa falida sob a égide da lei velha, a possibilidade de requerer concordata suspensiva, o que soa inconstitucional, pois se tratam de falências já decretadas pela lei anterior, e estes empresários sequer podem valer-se do pedido de recuperação judicial, direito este assegurado a todas as demais empresas, agora sob requisitos pouquíssimo exigentes, bem menos severos que os do Decreto de 1945.

Outrossim, a norma de direito transitório do § 3º do artigo 192 não obsta o pedido de recuperação judicial ao devedor que tenha requerido a concordata em prazo anterior ao da vigência da lei nova.

Isso induz a uma diferença de tratamento incompreensível, entre partes colocadas em posição processual semelhante.

O requerimento de concordata suspensiva depende do encerramento da fase investigatória, com arquivamento do inquérito judicial, e da publicação do quadro geral de credores, fatos esses que independem do querer do devedor, mas são da responsabilidade do funcionamento do mecanismo judiciário.

Se o mecanismo judicial funcionou bem, dá-se a oportunidade ao falido requerer a suspensiva, antes da entrada em vigor da nova lei. Se a Justiça retardou o encaminhamento do inquérito e a publicação do Quadro de Credores, penalizado será o devedor.

Já o devedor não-falido que deseje requerer a concordata preventiva poderá fazê-lo e, posteriormente, requerer a recuperação judicial, somando as vantagens dos dois institutos.

A norma não se afeiçoa ao elementar sentimento de Justiça.

No entanto, esse mesmo legislador, mostrando ausência de correta avaliação das vantagens e desvantagens do sistema que criou, veda a esse mesmo concordatário o pedido baseado no plano especial de recuperação judicial para microempresas e empresas de pequeno porte, como se este fosse mais vantajoso para o devedor, relativamente à concordata preventiva, quando não o é.

O devedor que tenha obtido o processamento da concordata jamais optará pelo dito regime especial, porque na concordata ele dispõe de carência de 12 meses para efetuar o primeiro pagamento, enquanto no regime especial de recuperação para micro e pequenas empresas, esse prazo cai para 6 meses, dentre outras desvantagens.

É possível até que o legislador, vislumbrando a possibilidade de o devedor manobrar indevidamente os dois institutos, tenha pretendido evitar a concessão de nova carência de 6 meses, por força do pedido de recuperação, evitando que este viesse a se somar ao prazo de 12 meses naturalmente concedido por força do deferimento do processamento da concordata.

Mas, se foi essa a intenção, é preciso dizer que não logrou êxito, pois se tratando de pedido de recuperação judicial fora do chamado regime especial aplicável às micro e pequenas empresas, o prazo poderá efetivamente ser prorrogado até a assembléia de credores por mais 150 dias. E isso é apenas o prazo processual propriamente dito, não considerando os naturais atrasos decorrentes da deficiente estrutura do Judiciário.

Enfim, a Lei 11.101/05, em que pesem tantas e tantas expectativas geradas, embora tenha aspectos positivos, no que tange ao processo de falência, não apresentou nenhuma inovação que não pudesse ser acrescida ao texto do Decreto-Lei 7.661/45, sob forma de emendas, à semelhança de outras alterações feitas com o passar das décadas.

Se essa técnica legislativa fosse adotada, os aperfeiçoamentos (e são muitos) passariam a vigorar, desde já, sem submeter as partes e os operadores do Direito às vicissitudes de todos conhecidas, e que poderão se prolongar por muitas anos, além do intrincado regime de transição de um sistema para o outro, como descrito sucintamente nas linhas anteriores.

2ª Parte

DAS PENALIZAÇÕES

Dos Crimes Falimentares

1. Considerações Gerais

Não há crime sem que a norma o declare por antecedência. E não pode haver pena sem a prévia imposição legal. São atributos da democracia penal, expressos nos princípios da anterioridade e da legalidade penal.

Segundo alguns autores, tais princípios têm sua origem na Magna Carta da Inglaterra de João sem Terra, de 1215. Outros autores reivindicam a primazia da inserção desse princípio na legislação ibérica.

O que se sabe com certeza é que foi fruto da Declaração dos Direitos do Homem, de 23 de agosto de 1789, advindo da Revolução Francesa, de 14 de julho de 1789. A legislação inovadora estabelecia que ninguém poderia ser punido senão que em virtude de uma lei estabelecida e promulgada anteriormente ao delito e legalmente aplicada.

Esse princípio se propagou por quase todos os países do mundo, que, pouco a pouco, o vieram adotando. Tem um sentido altamente político e jurídico.

O princípio é político na medida em que se constitui numa garantia constitucional dos direitos do homem.

Jurídico, porque fixa o conteúdo das normas incriminadoras, não permitindo que o ilícito penal seja estabelecido genericamente, sem prévia definição do tipo e sem a cominação da pena respectiva.

Os princípios da anterioridade e da legalidade penal são, sem dúvida, os de maior relevância e significado político no campo das liberdades individuais de um povo.[16]

Cernicchiaro leciona: "O princípio da reserva legal, quando consagrado, voltava-se para um dado cronológico: a conduta somente poderia ser tida como delito se, previamente, definida como tal. Impedia-se, assim, o ilícito ser definido após a ação, ou omissão. Hoje,

---

[16] WEINMANN. Amadeu de Almeida. *Princípios de Direito Penal*. Rio de Janeiro: Ed.Rio/Estácio de Sá, 2004.

não se abandonou a exigência; ganhou, porém, outro realce, qual seja, o comportamento delituoso ser exaustivamente descrito. A garantia que se busca preservar só se completa quando a pessoa conhecer, antes, e com precisão, a proibição, através de lei (sentido formal). É a *concrettezza* de que falam os italianos. Vedam-se, então, os chamados tipos abertos, ou seja, sem a descrição mencionada".[17]

Esses princípios estão impressos nos pórticos de todos os códigos penais dos países civilizados.

O nosso Código Penal estatui, no seu artigo 1°: "Não há crime sem lei anterior que o defina. Não há pena sem prévia cominação legal."

O princípio da anterioridade da lei penal, também chamado princípio da reserva legal, está inserido na Constituição Federal (no capítulo reservado aos Direitos e Garantias Individuais, no artigo 5°, inciso XXXIX: "Não há crime sem lei anterior que o defina, nem pena sem prévia cominação legal").

Para se impor uma sanção penal, evitando que se pratique uma conduta delitiva, não basta a vigilância do Estado. É necessário que, no estabelecimento dos preceitos incriminadores, sejam utilizadas fórmulas claras e exatas, definindo quais são as condutas que autorizam a sanção. Só assim estar-se-á respeitando o princípio da reserva legal que seria violada com uma descrição vaga e aberta.

A respeito da matéria, leciona o ministro Assis Toledo: "A exigência de lei certa diz com a clareza dos tipos, que não podem deixar margem a dúvidas, nem abusar de normas muito gerais ou tipos incriminadores genéricos, vazios".[18]

A Lei Magna colocou o dispositivo na parte referente aos direitos e garantias do cidadão, e não em qualquer outro capítulo. Por isso, pode-se dizer que tal princípio pertence ao patrimônio individual, dirigido não ao Estado, e sim ao cidadão.

Não pode o intérprete da lei, no caso o juiz, fazer uma interpretação extensiva, para cominar penas ou forma de executar essas penas, pois fere frontalmente dispositivo constitucional. É tão importante a imposição do princípio da legalidade que, além da existência de um poder do Estado, o Judiciário, unicamente destinado ao julgamento dos membros da sociedade, estabelece princípios básicos para a individualização da pena e a necessidade de fundamentação das decisões judiciais.

---

[17] LUIZ VICENTE CERNICCHIARO, Pena – Tentativa – Teoria Geral Do Tipo – Configuração Jurídica – Publicada na RJ nº 239 – SET/1997, p. 26.

[18] TOLEDO, Freancisco de Assis. *Princípios Básicos de Direito Penal*, 5ª ed., São Paulo: Saraiva, 1994, p. 28.

Pelo princípio da legalidade penal, fica terminantemente proibido o uso da analogia, dos costumes e dos princípios gerais do Direito, para definir crimes, e muito menos para estabelecer ou alterar penas, por ser de ordem exclusiva da lei.

2. Da Tipologia Penal

O tipo é um modelo ideal, traz em si um conjunto de condições que o determinam, que o explicam. Ele é, etimológica e juridicamente, um modelo. Nicola Abbagnano, tratando do tipo como modelo, afirma que: "(...) no sentido de modelo, forma, esquema ou conjunto interligado de características que pode ser repetido por um número indefinido de exemplares, essa palavra já era usada por Platão e por Aristóteles (...) é a palavra ou o signo que não sejam uma coisa única ou evento único, mas uma forma definidamente significante que, para ser usada, deve ganhar corpo numa ocorrência; esta deve ser o signo de um tipo, portanto do objeto que o tipo significa".

O tipo, portanto, é uma construção intelectual, é o resultado de um processo que se inicia com a observação da sociedade e culmina com a gênese da norma.

O legislador, e somente ele, tem a legitimidade para construir os modelos jurídicos, a partir dos cortes que faz sobre o tecido da sociedade. Estas lâminas do social são elevadas ao plano da idealização, abstrato, indecomponível, e que ganham, no trabalho da análise, um sentido, um axioma.

Pronta a norma, ela retorna à sociedade, impondo sobre o universo de onde saiu de forma embrionária, a sua vigência, a sua eficácia. Nesse retorno à origem, ela ganha condições para determinar o que pode ou não vir a ser o ato lícito ou ilícito.

Cada crime tem uma gama de variabilidade que, sem poder conglomerar em sua natureza todos os aspectos do fato natural, o tipo legal busca, assim, preferencialmente, sancioná-lo.

O fato concreto é, então, sempre mais amplo em seus sentidos e leituras. Apenas a essência comum de cada fato punível é reunida na figura do tipo legal.

Assim, o legislador, ao recuperar os elementos empíricos, que no campo social já apresentavam algum sentido, redefine-os, dando àquela tipicidade imanente, latente, uma nova ordem de coisas, ajuizando-a com base em um valor que se coloca como um fim legal a ser ambicionado.

Miguel Reale Jr. sintetiza, dizendo que "a estrutura é própria do objeto e a revelação da sua estrutura indica a inteligibilidade do objeto, a sua composição interna, como um todo cujas partes são ligadas entre elas e cujos termos são definidos por suas relações, de tal forma que a modificação de um dos elementos ocasiona a dos outros."

Na ação típica, o tipo penal é uma passagem que segue um caminho curioso, pois parte do concreto, retornando mais tarde a ele mesmo. Mas o meio para realizar tal fim é o abstrato. Isto é, o legislador percebe no mundo natural dos fatos, encontra os atos que violentam a harmonia social e tira deles um modelo, e este, com mais ou menos eficiência, vai deter condições para determinar os comportamentos futuros. O passado dá o exemplo para o futuro. Não o exemplo que se deva imitar, mas o que se deve evitar.

Assim, como comumente se constata a gênese do tipo não se dá de forma aleatória, mas, ao contrário, sua força está no fato de que o seu alcance, o seu significado e o seu poder de comando estão inatos na própria ação, aquela do ordenamento social, natural.

Portanto, o tipo penal é uma descrição do crime – descrição que foi construída pelo legislador. É uma ordem, um comando, um fazer ou não-fazer que tenha, como fim, resgatar a conduta do agente, estabelecendo os limites dessa conduta. E por meio de seu maior ou menor efeito, espera ser a solução para os conflitos, amparando a segurança jurídica com os instrumentos de sua realização.

A tipicidade, assim, é a mera adequação entre uma conduta do mundo concreto, real, em adequação ao mundo legal, normativo.

3. A Adequação Típica

Adequar significa estabelecer a coerência entre uma ação concreta e o tipo legal, isto é, realizar a congruência entre a prática do ato e um tipo de injusto. A ação será considerada típica se for enquadrável em um modelo predeterminado, sendo que o ato realizado precisa ter um sentido valorativo negativo. É porque o sentido analisado pelo ordenamento jurídico tem que ser contrário ao valor cuja positividade se quer impor para a segurança jurídica.

Mas a operação desse enquadramento não é fácil, pois ela não se dá de forma automática. Em muitas situações, o tipo legal não se confunde com o fato concreto, pela simples razão de que aquele traz em seu interior apenas uma representação da conduta criminosa.

O fato concreto, por outro lado, é multifacetado e depende das condições socioculturais para detalhar o seu grau de reprovabilidade.

Bem assim, porque os fatos concretos podem se subsumir em mais de um tipo legal, o que dá espaço para o surgimento do denominado conflito aparente de normas.

Pode-se perceber essa dificuldade, por exemplo, quando o operador do Direito está a determinar o enquadramento típico da tentativa. Nem sempre é fácil perceber a diferença entre os chamados atos preparatórios e os executórios.

Ademais, o tipo legal não se compõe apenas dos elementos meramente descritivos; também é composto dos elementos normativos. Estes exigem indagações de variadas ordens, como cultural, política e jurídica, bem como daqueles aspectos atinentes ao estado anímico do agente.

Dessa maneira, é correto afirmar que a tipicidade depende da existência da adequação típica, pois é esta que possibilita o enquadramento do fato concreto em um tipo penal.

Como a ação no crime tem como elementos estruturais a vontade do agente, a sua manifestação exterior (resultado) e a relação causal, faz-se necessária a apreciação normativa dessa ação.

Esta apreciação jurídica consiste numa adequação da conduta do agente ao regramento legal. O ato naturalístico é, assim, incorporado pelo mundo jurídico, causando uma transformação em sua natureza.

Tal fenômeno é conhecido como pesquisa da tipicidade. A tipicidade é entendida como a correspondência entre o fato praticado pelo agente e a descrição do crime na norma penal.

Todos os fatos acontecidos no universo do campo social e que lesam ou ameaçam lesionar os interesses juridicamente relevantes são levados para o universo da incidência do Direito, tornando-os jurídicos.

E todas essas condutas, agora percebidas pela razão jurídica, passam a estar sujeitas à aplicação de uma norma penal.

É necessário, para poder se aplicar a norma penal, que o legislador descreva em minúcias as condutas consideradas nocivas aos interesses juridicamente tutelados. Para poder aplicar a lei à conduta do agente, o legislador deve descrever os atos que se consideram lesivos.

Esta construção que se elabora permite a definição da tipicidade.

O tipo penal, ou o tipo legal, é essa descrição abstrata, que indica os elementos essenciais da conduta reputada como criminosa (*essentialia delicti*).

Quando a norma penal descreve o delito, a descrição tem o condão de restringir a ação a uma definição objetiva, precisa e minuciosa. Sem esse cuidado, a generalidade do ato fugiria do controle da norma, gerando impotência ao Estado para controlar as relações entre os sujeitos.

Mas não só por isso é a importância do tipo penal, mas também porque, se não o delimitasse, o campo social ficaria à mercê da livre vontade do órgão estatal, o que igualmente geraria a insegurança jurídica, agora do cidadão.

O tipo legal é uma garantia dos cidadãos contra os excessos, tanto das ações delitivas quanto do direito de punir do Estado. Ele tem esta dupla face, fundamental para o estabelecimento da paz social.

O tipo legal é formado, fundamentalmente, por um verbo – o núcleo do tipo – que carrega consigo todos os atributos da definição que se quer delimitar. Além de conter o elemento objetivo, ele possui também os elementos referentes à culpabilidade e à antijuridicidade.

O verbo-núcleo é o elemento que descreve a ação do indivíduo. Sempre que o agente realizar a ação do verbo, estará cometendo um delito. No delito de homicídio, o verbo núcleo é "matar".

O pronome indefinido "alguém" significa que sempre que qualquer ente humano matar qualquer pessoa cometerá um crime, porque realizou, integralmente, um tipo penal trazido anteriormente pela lei penal.

Já o delito de divulgação de segredo contém um elemento da antijuridicidade, pois diz que é punível "divulgar a alguém, sem justa causa" algo tido como confidencial. Portanto, mesmo que o agente realize a ação expressa pelo verbo "divulgar", havendo a presença da *justa causa*, o fato não é mais um ilícito.[19]

Há uma divisão na forma do reconhecimento do tipo penal, pois, quando a descrição legal só contém os elementos objetivos, o tipo é conhecido como tipo normal.

Quando, porém, o tipo traz, além dos elementos objetivos, elementos ligados à culpabilidade e à antijuridicidade, diz-se que o tipo é anormal.

Concluindo: os elementos do tipo podem ser objetivos, se concernentes ao aspecto material do fato, ou subjetivos, quando relativos ao estado psíquico do agente e, ainda, normativos, por se referirem, em regra, à antijuridicidade.

O Código Penal destaca, por meio de expressões como: "em proveito próprio, ou alheio" (artigo 173),[20] "para ocultar desonra própria" (artigo 134),[21] "com o fim de" (artigo 159),[22] "conhecendo essa circunstância" (artigo 235, §1º), "por motivo" (artigo 235, § 2º).[23]

---

[19] CÓDIGO PENAL, artigo 153. Divulgar a alguém, *sem justa causa*, conteúdo de documento particular ou de correspondência confidencial, de que é destinatário ou detentor, e cuja divulgação possa produzir dano a outrem. Pena: detenção, de 1 (um) a 6 (seis) meses, ou multa.

[20] CÓDIGO PENAL, artigo 173. Abusar, *em proveito próprio ou alheio*, de necessidade, paixão ou inexperiência de menor, ou da alienação ou debilidade mental de outrem, induzindo qualquer deles à prática de ato suscetível de produzir efeito jurídico, em prejuízo próprio ou de terceiro. Pena: reclusão, de 2 (dois) a 6 (seis) anos, e multa.

[21] CÓDIGO PENAL, artigo 134: Expor ou abandonar recém-nascido, *para ocultar desonra própria*. Pena detenção, de 6 (seis) meses a 2 (dois) anos.

[22] CÓDIGO PENAL, artigo 159: Seqüestrar pessoa *com o fim de* obter, para si ou para outrem, qualquer vantagem, como condição ou preço do resgate. Pena: reclusão, de 8 (oito) a 15 (quinze) anos.

[23] CÓDIGO PENAL, artigo 235. Contrair alguém, sendo casado, novo casamento. Pena: reclusão, de 2 (dois) a 6 (seis) anos. § 1º. Aquele que, não sendo casado, contrai casamento com pessoa casada, *conhecendo essa circunstância*, é punido com reclusão ou detenção, de 1 (um) a 3 (três) anos. § 2º. Anulado por qualquer motivo o primeiro casamento, ou o outro *por motivo* que não a bigamia, considera-se inexistente o crime.

Os elementos normativos do tipo são designados, também em nosso Código Penal, pelas seguintes expressões: "indevidamente" (artigo 151),[24] "sem justa causa" (artigo 153),[25] "sem consentimento de quem de direito" (artigo 164),[26] "sem licença da autoridade competente" (artigo 166)[27] etc.

Portanto, a adequação típica é parte decisiva, já que é por meio dela que a norma penal consegue, ainda que nem sempre de maneira fácil, percorrer o caminho até o fato concreto, englobando-o e, assim, revesti-lo de significados e de efeitos do mundo jurídico.

Concluindo, diz-se que o tipo legal não é uma elaboração autoritária, mas o resultado da observação dos fatos concretos, reais, e, a partir da realidade social, eles são constituídos. Frente a este paradigma, pode-se afirmar que o direito penal não cria a conduta humana. Ele as seleciona, redefinindo-as, a partir de um certo axioma, mais ou menos grave, dependendo do bem jurídico que é lesado ou ameaçado de lesão.

4. Da Co-autoria e Participação-Conceito de Concurso de Pessoas

Julio Fabbrini Mirabete diz que o concurso de pessoas é a ciente e voluntária participação de duas ou mais pessoas na mesma infração penal.[28]

Ainda que singela e bastante objetiva, esta definição não reflete toda a problemática acerca do tema. A análise sobre as suas condições tem profundas repercussões na própria ciência penal, uma vez que está refletindo sobre as próprias noções da infração penal, da causa material e psíquica, da imputabilidade, da responsabilidade penal etc.

---

[24] CÓDIGO PENAL, artigo 151. Devassar *indevidamente* o conteúdo de correspondência fechada, dirigida a outrem. Pena: detenção, de 1 (um) a 6 (seis) meses, ou multa. § 1º. Na mesma pena incorre:
I – quem se apossa *indevidamente* de correspondência alheia, embora não fechada e, no todo ou em parte, a sonega ou destrói; II – quem *indevidamente* divulga, transmite a outrem ou utiliza abusivamente comunicação telegráfica ou radioelétrica dirigida a terceiro, ou conversação telefônica entre outras pessoas;

[25] CÓDIGO PENAL, artigo 153. Divulgar alguém, sem justa causa, conteúdo de documento particular ou de correspondência confidencial, de que é destinatário ou detentor, e cuja divulgação possa produzir dano a outrem. Pena: detenção, de 1 (um) a 6 (seis) meses, ou multa.
§ 1º-A. Divulgar, sem justa causa, informações sigilosas ou reservadas, assim definidas em lei, contidas ou não nos sistemas de informações ou banco de dados da Administração Pública. Pena: detenção, de 1 (um) a 4 (quatro) anos, e multa.

[26] Artigo 164. Introduzir ou deixar animais em propriedade alheia, *sem consentimento de quem de direito*, desde que do fato resulte prejuízo. Pena:; detenção, de 15 (quinze) dias a 6 (seis) meses, ou multa.

[27] CÓDIGO PENAL, artigo 166. Alterar, *sem licença da autoridade competente*, o aspecto de local especialmente protegido por lei.Pena:: detenção, de 1 (um) mês a 1 (um) ano, ou multa.

[28] MIRABETE, Julio Fabbrini, op., cit., p. 225.

Para Esther de Figueiredo Ferraz, a co-delinqüência constitui um verdadeiro ponto de encontro dos principais temas da dogmática jurídico-penal, e seu estudo enseja-nos a oportunidade de repensá-los em maior profundidade.[29]

Uma das primeiras polêmicas sobre o tema diz respeito ao fato de que, para uns, o concurso de pessoas representa uma variedade de crimes, unidos pela ação dos agentes. Mas para outros, ainda que numa pluralidade de agentes, na verdade estamos diante de apenas um crime.

Para responder às implicações de uma ou outra posição, devemos nos socorrer de teorias que tentam explicá-las e nos convencer de suas teses. Estas são as teorias pluralística, dualística e monística ou unitária.

5. As Teorias Pluralística, Dualista e Monista

A teoria pluralística defende a tese de que a cada um dos participantes que atuarem em conjunto em uma conduta delituosa corresponde uma conduta própria, um elemento psicológico particular e, igualmente, um resultado exclusivo.

Para os seguidores desta teoria, não há participação de vários agentes num delito só. E crimes simultâneos. Por exemplo: se quatro indivíduos concorrerem para a prática de um mesmo delito, existem quatro crimes praticados simultaneamente, muito embora alguns dos comportamentos não tenham realizado todos os passos do *iter* das figuras típicas.

Dessa forma, falar em pluralidade de agentes seria automaticamente falar de uma pluralidade de ações delituosas: tantas serão as condutas quantos forem os agentes.

Alguns defensores desta teoria advogam a idéia segundo a qual a participação não seria elemento de um crime, mas um outro crime. Na realidade, o erro desta teoria é não perceber que, ainda que haja uma pluralidade de agentes, todos podem estar conectados a um único fim, pois a divisão de tarefas não os obriga a alcançar um objetivo distinto.

Na verdade, a complexidade de alguns atos criminosos exige um *iter criminis* tão sofisticado que, para consumá-lo, é fundamental a participação de sujeitos distintos que, com as suas especialidades somadas, podem contribuir para a melhor ou pior realização do crime.

---

[29] FERRAZ, Esther de Figueiredo. *A co-delinqüência no Direito Brasileiro*. São Paulo: Bushatsky, 1976, p. 114.

Ainda que sejam muitos os agentes participantes do processo criminoso, o que os une é um mesmo nexo psicológico.

A teoria dualista percebe a presença de dois crimes: um para os autores e outro para os partícipes. Os primeiros seriam todos aqueles que realizam a conduta principal, fundamental, e que atende às necessidades da figura típica normatizada. Os segundos, partícipes, realizam não a conduta nuclear, aquela descrita pelo verbo do tipo, mas apenas são agregados ao *iter criminis*. Eles praticam uma série de atos secundários, complementares dos praticados pelos autores.

Mais uma vez foge-se ao entendimento dos que defendem a teoria de que o crime é um só. Ele é uma especialidade, e por ser assim exige uma participação distinta, pois cada agente tem uma contribuição a dar para a consumação do ato delituoso. Não raro, por outro lado, a prática nos mostra que alguns partícipes têm até mais importância na realização do crime do que o próprio autor.

Independentemente de críticas, essa posição doutrinária entende como uma soma de dois crimes: um principal, dos autores, e outro, secundário, acompanhando o primeiro, mas exclusivo dos partícipes.

6. Teoria Monista

Igualmente conhecida como teoria unitária, tem uma posição mais coerente, adotada pelo nosso Código Penal. Não faz uma distinção específica entre o autor e o partícipe. Indo mais a fundo, também não se marca de forma profícua a distinção desses dois papéis do agente do crime, como a instigação ou mesmo com a cumplicidade.

A máxima é que todo aquele que, de alguma forma contribui para a realização da conduta contrária ao Direito, responde por ele na medida de sua responsabilidade. Pode-se dizer que o crime é o resultado da conduta de cada um e também de todos.

A responsabilidade penal de cada um dos integrantes do *iter criminis* está na equivalência de sua contribuição para que a conduta pudesse alcançar o êxito desejado.

Com a reforma da parte geral do Código Penal em 1984, por um lado houve o cuidado de consagrar esta teoria como aquela acolhida pelo nosso ordenamento, mas por outro lado buscou diminuir os rigores da sua essência. Quer dizer, desde a reforma, vem-se distinguindo, com uma certa acuidade, a exata punibilidade da autoria e da participação.

O artigo 29 do Código Penal dispõe que incide nas penas cominadas ao crime quem, de qualquer maneira, concorre para sua realização. Assim dispondo, o Código equipara, em princípio, todos os que intervêem no delito. Distingue o autor principal do secundário, o cúmplice do autor; concorrendo todos para o crime, respondem pela pena a ele cominada.

É que, em matéria de causalidade física, o Código já havia adotado a teoria da equivalência das condições, ou da *conditio sine qua non*. Causa do crime é, portanto, tudo o que concorre direta ou indiretamente para a concretização do resultado danoso.

Por um princípio de coerência, o legislador tinha que adotar essa teoria monística porque ela nada mais é do que um corolário da teoria da causalidade. Assim, o princípio monístico explica-se como decorrência do princípio da equivalência das condições que o Código adota para resolver o problema da causalidade física ou natural.

Ainda que cada uma das ações dos partícipes não tenha *per se* produzido o resultado, elas serão causa desse mesmo resultado, desde que, reunidas, produzam as conseqüências antijurídicas.

Uma só não pode produzir o resultado, mas somadas, vinculadas umas às outras, formam o conjunto de antecedentes causais do resultado. Logo, são co-autores do fato tantos quantos praticarem as ações causais.

Apesar de fazer a unificação dos partícipes do crime e ainda dizer que todos que concorrem para o crime são participantes dele, o Código não ignora a existência de fórmulas diferentes de co-delinqüência, de modos pessoais de concorrerem para o delito.

Assim, em doutrina, designa-se como autor aquele que pratica ação típica, enunciada pelo verbo da oração. No homicídio, é autor o que matou; no furto, é aquele que subtraiu; no rapto, quem raptou; na lesão corporal, aquele que lesionou etc.

7. Autoria e Participação

Ao lado do autor, há a presença do participante, isto é, o co-autor, aquele que pratica atos não-típicos, mas cuja conduta é punida por força da norma ampliativa da parte geral do Código.

Partícipe ou participante é aquele que adere ao crime, praticando atos atípicos, diferentes dos atos praticados pelo autor ou pelo executor. Quando se fala em atos atípicos praticados pelo partícipe, pode-se até entender que sejam eles atos delitivos diferentes dos praticados pelo autor. É exemplo o autor do crime de estelionato que pretende passar cheque sem fundos em talonário furtado pelo partícipe.[30]

Assim, surgiram os "graus de participação": todos respondem pela conduta praticada, a partir daquilo que a sua participação contribuiu na exata medida de sua atuação.

---

[30] CÓDIGO PENAL, artigo 171. – Obter, para si ou para outrem, vantagem ilícita, em prejuízo alheio, induzindo ou mantendo alguém em erro, mediante artifício, ardil ou qualquer outro meio fraudulento. Pena: reclusão, de 1 (um) a 5 (cinco) anos, e multa.

O princípio de graus de participação é uma rica construção teórica de nossos legisladores. Ele cria condições para que as teorias monista e dualista convivam dentro do mesmo ordenamento.[31]

Portanto, adota-se a teoria monista, determinando que todos os participantes de uma mesma infração penal recebam a sanção correspondente pelo crime praticado. Mas excepcionaliza-se a conduta de cada um no que seria a aplicação da teoria dualista em sua forma mitigada, distinguindo autor e partícipe no mesmo crime.[32]

E embora o Código diga que todos estão sujeitos às mesmas penas, de algum modo deixa entrever a existência de tipos de co-autores diferentes.

Depois de dizer que co-autor é aquele que, de qualquer modo, concorre para a prática do crime, o Código faz referência a tipos, a espécies de co-autoria.

Prevê, por exemplo, agravamento de pena em relação ao agente que promove ou organiza a cooperação no crime ou dirige a atividade dos demais.[33]

---

[31] PENA – CONCURSO DE PESSOAS – CO-AUTORIA E PARTICIPAÇÃO – DISTINÇÃO – APLICAÇÃO DA MINORANTE DO ARTIGO 29, § 1º, DO CP, DE MENOR PARTICIPAÇÃO – INADMISSIBILIDADE – "Há co-autoria quando mais de uma pessoa pratica o comportamento proibido; há participação, quando não pratica tal conduta, mas concorre, de alguma forma, para a realização do crime. (STF, in RTJ 106/544)" Constatando-se que o agente participou, como co-autor de delito inaplicável é a minorante da participação de menor importância, prevista no artigo 29, § 1º, do CP, porquanto o referido dispositivo beneficia, apenas, o partícipe. SENTENÇA – OMISSÃO DO REGIME DE CUMPRIMENTO DE PENA – IRREGULARIDADE SUPRÍVEL EM GRAU DE APELAÇÃO – NULIDADE INEXISTENTE – Não é passível de anulação a sentença que omite o regime de cumprimento de pena, vez que se trata de irregularidade suprível em grau de apelação. PENA – ROUBO DUPLAMENTE MAJORADO – PRETENSA DIMINUIÇÃO PARA O MÍNIMO LEGAL COMINADO NO *CAPUT* DO ARTIGO 157 – IMPOSSIBILIDADE JURÍDICA DO PEDIDO – Juridicamente impossível fixar a pena no mínimo legal cominado no *caput* do artigo 157 do CP ao crime de roubo duplamente majorado, em face do emprego de arma e concurso de pessoas, porquanto incide aumento de pena obrigatório, a teor do § 2º daquele mesmo dispositivo. (TJAC – ACr 99.000864-9 – C.Crim. – Rel. Des. Arquilau Melo – J. 26.05.2000)

[32] PRONÚNCIA – HOMICÍDIO QUALIFICADO – ARTIGO 121, § 2º, IV, C.C – O ARTIGO 29 DO CÓDIGO PENAL – DISPAROS DE ARMA DE FOGO POR POLICIAIS MILITARES NA DIREÇÃO DE VEÍCULO AUTOMOTOR CUJO MOTORISTA DESOBEDECEU ORDEM DE PARADA – HIPÓTESE EM QUE ASSUMIRAM O RISCO DE PRODUZIR O RESULTADO MORTE – IRRELEVANTE SABER QUAL DOS IMPUTADOS REALIZOU O DISPARO FATAL – CO-AUTORIA CARACTERIZADA – IMPRESCINDÍVEL O JULGAMENTO DOS RÉUS PELO TRIBUNAL DO JÚRI – RECURSO PROVIDO PARA ESTE FIM – O concurso delinquencial abrange toda e qualquer participação ou omissão, principal ou secundária, próxima ou remota, mediata ou não, por ato, gestos, ou simples presença, desde que encorajadora do partícipe do evento. Por este respondem todos quantos para ele colaborem, indiferentemente do grau dessa cooperação, que somente é relevante para fins de graduação da pena. (TJSP – RSE nº 237.955-3 – São Carlos – 2ª C. Crim. – Rel. Des. Geraldo Xavier – J. 20.9.1999 – m.v.)

[33] ROUBO QUALIFICADO PELO EMPREGO DE ARMA E PELO CONCURSO DE AGENTES – Existência e autoria demonstradas pelo conjunto de elementos de convicção existentes nos autos, incluindo as declarações de um co-réu no inquérito policial, que não podem ser ignoradas, uma vez que confirmadas pelas outras provas. As causas de aumento de pena comunicam-se ao Apelante, idealizador e organizador da empreitada criminosa diretamente executada pelos

8. Do Sujeito Ativo no Crime Falimentar

Preliminarmente, há que se ter que, pela nova lei de falências, a pessoa jurídica não responde pelo crime falimentar.

O sujeito ativo é o devedor ou o falido. Pelo artigo 179 da lei, foi estendido o conceito de sujeito ativo, no caso das sociedades, são os seus sócios, diretores, gerentes, administradores e conselheiros, de fato ou de direito, bem como o administrador judicial, são equiparados ao devedor ou falido para efeitos penais.

São, em regra, crimes monossubjetivos, que podem ser praticados por uma só pessoa como, por exemplo, o ato fraudulento para prejudicar credores e obter vantagem pessoal. Admite-se, também, a co-autoria, podendo o devedor contar com a colaboração de terceira pessoa, como o contador, técnico contábil, auditor, gerente, sócio, um credor etc. Exemplo: se o perito adquire bens da massa falida, ainda que se valesse de terceira pessoa, responderão, em concurso, pelo crime de violação de impedimento.

Em caso de que venha a ser declarada falida a sociedade, os sócios incidem em crime falimentar, atingindo a todos os tipos de sociedades comerciais.

A lei de falências atinge apenas os crimes praticados em razão única da quebra, não atingindo outros atos delitivos praticados em razão diferente aos da falência.

9. Da Multiplicidade de Autores

A característica comum dos crimes falimentares, no mais das vezes, é a da participação de vários autores, pois que com a atuação geralmente dos sócios ou dos administradores da falida.

Na parte das disposições finais, o artigo 179 preceitua que, na falência, na recuperação judicial e na recuperação extrajudicial de sociedades, os seus sócios, diretores, gerentes, administradores e conselheiros, de fato ou de direito, bem como o administrador judicial, equiparam-se ao devedor ou falido para todos os efeitos penais decorrentes desta Lei, na medida de sua culpabilidade.

E o artigo 180 estipula que a sentença que decreta a falência concede a recuperação judicial ou concede a recuperação extrajudicial de que trata o artigo 163 desta Lei.

Por isso, a importância da minudente investigação delitiva. A instrução criminal se presta para esclarecer e pormenorizar a forma de participação dos réus nos delitos, permitindo ampla dilação dos

---

dois co-réus, aplicando-se-lhes, ainda, a agravante genérica prevista no artigo 62, I do Código Penal. Apelação desprovida. (TJRJ – ACr 474/2001 – 4ª C. Crim. – Rel. Des. Raul Quental – J. 18.9.2001)

fatos e provas, momento em que a defesa poderá se valer de todos os aspectos relevantes para provar a inexistência de configuração da autoria, da materialidade do crime, ou, ainda, da existência de excludente de culpabilidade.[34]

Outra matéria a ser examinada é a que diz respeito aos crimes ditos como societários. Se bem que, nos crimes de falência, os administradores são sempre os responsáveis diretos pela quebra. Entretanto, há que se examinar, também, a participação dos demais sócios, a fim de se ter o conhecimento da real participação de cada um nos atos falimentares.[35]

Casos há de sócios que não tem qualquer participação na administração da empresa e que, desde que patente a sua ausência, não pode ser ele ser punido, pelo simples fato de que é sócio.

É lógico que cabe a ele a prova a sua total ausência nos atos que deram origem à falência. Exemplo, o sócio que, pela sua capacidade intelectual, ou que se encontre residindo fora do país, ou aquele que demonstre com total evidência a sua não-participação nos delitos, e nem de suas conseqüências legais.[36]

---

[34] STJ – HC 200401615337 – (39587 SP) – 5ª T. – Rel. Min. Gilson Dipp – DJU 02.05.2005 – p. 389.

[35] CRIMINAL – HC – APROPRIAÇÃO INDÉBITA DE CONTRIBUIÇÕES PREVIDENCIÁRIAS – TRANCAMENTO DE AÇÃO PENAL – INÉPCIA DA DENÚNCIA – CRIME SOCIETÁRIO – NECESSIDADE DE DESCRIÇÃO MÍNIMA DA RELAÇÃO DO PACIENTE COM OS FATOS DELITUOSOS – OFENSA AO PRINCÍPIO DA AMPLA DEFESA – ORDEM CONCEDIDA – I. Hipótese em que o paciente foi denunciado pela suposta prática do crime de apropriação indébita de contribuições previdenciárias, pois, na qualidade de um dos gerentes de determinado conglomerado de empresas, teria deixado de recolher ao cofres do INSS as contribuições descontadas dos salários dos empregados em certos períodos. II. O entendimento desta Corte – No sentido de que, nos crimes societários, em que a autoria nem sempre se mostra claramente comprovada, a fumaça do bom direito deve ser abrandada, não se exigindo a descrição pormenorizada da conduta de cada agente – Não significa que o órgão acusatório possa deixar de estabelecer qualquer vínculo entre os denunciados e a empreitada criminosa a eles imputada. III. O simples fato de ser gerente de empresa não autoriza a instauração de processo criminal por crimes praticados no âmbito da sociedade, se não restar comprovado, ainda que com elementos a serem aprofundados no decorrer da ação penal, a mínima relação de causa e efeito entre as imputações e a condição de dirigente da empresa, sob pena de se reconhecer a responsabilidade penal objetiva. IV. A inexistência absoluta de elementos hábeis a descrever a relação entre os fatos delituosos e a autoria ofende o princípio constitucional da ampla defesa, tornando inepta a denúncia. V. Precedentes do STF. VI. Deve ser concedida a ordem, para determinar o trancamento da ação penal instaurada em desfavor do paciente. VII. Ordem concedida, nos termos do voto do Relator. (STJ – RHC 200500428763 – (17437 SP) – 5ª T. – Rel. Min. Gilson Dipp – DJU 06.06.2005 – p. 00347)

[36] PENAL – INDEPENDÊNCIA – MONTANTE TRIBUTÁRIO – REDUÇÃO – DELITO – PARCELAMENTO POSTERIOR DO DÉBITO – ANISTIA – FALTA DE COMPROVAÇÃO – SÓCIO-DIRETOR – RESPONSABILIDADE – TERCEIRO – NÃO AFASTAMENTO – PRESCRIÇÃO RETROATIVA – EX OFFICIO – 1. Independência das esferas penal e administrativa. Precedentes. 2. A redução do montante tributário devido não enseja a inexistência do delito. 3. O parcelamento do débito tributário posterior ao recebimento da denúncia não enseja a extinção da punibilidade. Precedentes do STJ. 4. No caso em tela, não foi comprovado o requerimento para a fruição da alegada anistia da Lei nº 9.779/99 e MP nº 1.858-08/99 (reeditada até a MP nº 2.158-35/2001). 5. A responsabilidade do acusado, Paulo Odilar Tramontini, Sócio-Diretor, não restou elidida pela alegação de que a escrituração contábil ficava a cargo de terceiro, circunstância que

Ainda que a regra, repita-se, diga que os sujeitos ativos do crime falimentar sejam os sócios e seus administradores, há necessidade da demonstração da existência de um liame entre o fato tido por delituoso e a conduta daquele que figurar nos atos constitutivos da firma ou sociedade.[37]

Não se pune o fato de ser sócio. Pune-se o fato de, conhecendo os fatos delitivos, manter-se de qualquer forma conivente.

Ainda que silente a lei, não se pode admitir o culpabilidade objetiva, rejeitada por todas as escolas penais, inclusive pelos adeptos à escola positiva.

É de nosso entendimento que a inexistência absoluta de elementos hábeis a descrever a relação entre os fatos delituosos e a autoria ofende o princípio constitucional da ampla defesa, do devido processo legal e do estado democrático de direito, tornando inepta a denúncia e injusta a eventual condenação.

10. Das Provas

Tudo em matéria penal deve ser provado, segundo o princípio de que *allegatio partis nom facit jus*.

---

não foi devidamente comprovada, sendo que sequer foi buscada a oitiva do mesmo. 6. Reconhecida, de ofício, a prescrição retroativa dos fatos ocorridos até 18-02-1993, porquanto decorrido lapso inercial do artigo 109, V, do CP até o recebimento da denúncia. Aplicação dos arts. 107, IV, do CP e 61 do CPP. Entretanto, sem qualquer reflexo na pena fixada ou mesmo na determinação da continuidade delitiva, aferida no seu mínimo (um sexto – artigo 71 do CP). 7. Negado provimento à apelação. Prescrição reconhecida de ofício. (TRF 4ª R. – ACr 2000.04.01.009463-5 – RS – 8ª T. – Rel. Des. Fed. Luiz Fernando Wowk Penteado – DJU 12.11.2003 – p. 603) JCP.109 JCP.71.

[37] PENAL – PROCESSO PENAL – CRIME SOCIETÁRIO – ARTIGO 168-A DO CÓDIGO PENAL EM VIGOR – AUSÊNCIA DE DESCRIÇÃO DA CONDUTA CRIMINOSA DOS SÓCIOS E DE PROVA DO DOLO ESPECÍFICO – TRANCAMENTO DA AÇÃO PENAL – ORDEM CONCEDIDA – 1. A exposição do fato criminoso em todas as suas circunstâncias, além de ser imposição legal estampada no artigo 41 do CPB, constitui garantia constitucional do devido processo legal, mormente no tocante ao exercício do direito do contraditório e da ampla defesa em favor daquele a quem se imputa uma infração penal. 2. A denúncia deve traçar os limites objetivos da ação penal, tanto que, com o conteúdo dela a sentença deve guardar sintonia, não podendo o juiz avançar juízos de valor para além dos fatos narrados da denúncia. 3. A circunstância de alguém ser sócio de uma firma ou sociedade comercial é só um prius a recomendar a investigação sobre a possível autoria de um ilícito. Necessidade da demonstração da existência de um liame entre o fato tido por delituoso e a conduta daquele que figurar nos atos constitutivos da firma ou sociedade. 4. A autoria deve ser certa ao instante do oferecimento da denúncia, não podendo depender da instrução criminal em Juízo, o que configuraria abuso de autoridade e constrangimento ilegal em detrimento daquele que, não tendo praticado ilícito algum, sofre o constrangimento de ver instaurada, contra si, ação penal. 5. Denúncia que se cingiu a relatar o fato da inexistência de recolhimento, a tempo e modo, dos valores descontados, em favor da Previdência, por decorrência dos pagamentos efetuados aos empregados da COBEMA – CONSTRUTORA BETO MACHADO LIMITADA. Suposta autoria que sói derivar do que consta no contrato social, sem que se tenha estabelecido nexo de causalidade entre os fatos e atuação dos sócios. 5. Ausência de prova da elementar subjetiva do ilícito, o animus rem sibi habendi. Concessão da ordem de *Habeas Corpus*. (TRF 5ª R. – HC 2005.05.00.008783-0 – (2131) – PB – 3ª T. – Rel. Des. Fed. Geraldo Apoliano – DJU 24.05.2005 – p. 374)

O Superior Tribunal de Justiça já delineou, com o voto do Em. Ministro Gilson Dipp, que a necessidade de submissão da prova à instrução criminal recai, geralmente, sobre a prova testemunhal, cuja validade depende, necessariamente, da reprodução em juízo, sob o crivo do contraditório, o que não se aplica à prova documental.[38]

Como a nova lei de falências (Lei nº 11.101/05), aboliu o inquérito judicial, passou-se a incumbência da investigação do crime falimentar ao juiz da falência.

Não há dúvida de que, com isso e, nessa fase preliminar, ganhou proeminência a atuação do Ministério Público.

Logo que intimado da sentença de falência ou que concede a recuperação judicial, cabe-lhe a promoção da ação penal respectiva (caso haja algum delito a ser punido) ou a requisição da abertura de inquérito policial (Lei nº 11.101/05, artigo 187).

Note-se que o inquérito policial não é mais necessário. Havendo *fumus delicti* (prova de crime e indícios de autoria), desde logo, já pode ser intentada a ação penal.

Em qualquer tipo de delito e agora, também, no crime falimentar, pela vigência de nossa carta constitucional, eminentemente garantista, necessita de um acompanhamento pelo réu e seu efetivo defensor.

É regra imposta pelo garantismo constitucional a de que nenhuma suposição gratuita ou unilateral possa ser admitida na busca da verdade real. Isso é regra primária em matéria de investigação criminal.

Admitir-se o contrário e, se assim fosse, ou se assim agisse, sem dúvida que ferida restaria a Constituição Federal na medida em que se estariam violando princípios tais como, o do Estado Democrático de Direito, agredindo-se, frontalmente, a cláusula expressa do *due process of law* acolhida em nossa Carta Política nacional.

Depreende-se, ao mesmo tempo, que existiria, também, ofensa ao princípio da democratização da pena: *nulla poena sine judicio*.

Estes princípios aqui elencados compreendem a proibição do *Bill of Attainder*, não sendo possível que se considere alguém culpado diretamente, sem o devido e prévio processo e sem seu julgamento final.

Admitem a lei e a jurisprudência pátria, também, que não se invalida prova documental produzida no inquérito judicial que, posteriormente, instrui a denúncia, se durante o curso da ação penal a defesa do acusado tiver a oportunidade de se manifestar sobre o teor dos documentos, em estrita observância aos princípios do contraditório e da ampla defesa.

---

[38] STJ – HC 200401698264 – (39958 SP) – 5ª T. – Rel. Min. Gilson Dipp – DJU 13.06.2005 – p. 327.

11. Da Suspensão Condicional do Processo

O artigo 89 da Lei nº 9.099/95 estatui que, nos crimes em que a pena mínima cominada for igual ou inferior a um ano, abrangida ou não por esta Lei, o Ministério Público, ao oferecer a denúncia, poderá propor a suspensão do processo, por dois a quatro anos, desde que o acusado não esteja sendo processado ou não tenha sido condenado por outro crime, presentes os demais requisitos que autorizariam a suspensão condicional da pena.[39]

De outra banda, em caso de concursos, material, formal ou continuado, não há que se falar em aplicação dos benefícios da Lei nº 9.099/95, quando suas somas ultrapassam um ano de reclusão. É, inclusive, matéria sumulada pelo STJ.[40]

12. Da Prescrição nos Crimes Falimentares

Pela nova lei de falência, os prazos prescricionais passaram a obedecer às normas do Código Penal, contrariamente ao que se obrigava pela lei velha.[41]

Esta facilitava grandemente a impunidade por conta da exigüidade dos prazos prescricionais e pela incidência da Súmula nº 147 do STF.[42]

A prescrição, agora, rege-se pelo máximo da pena privativa de liberdade, começando a correr não mais da data da consumação do crime, mas sim, do dia da decretação da falência, da concessão da recuperação judicial ou da homologação do plano de recuperação extrajudicial.[43]

---

[39] RECURSO ORDINÁRIO EM *HABEAS CORPUS* – CRIME FALIMENTAR – EXCLUSIVIDADE DO MP PARA PROPOR A SUSPENSÃO CONDICIONAL DO PROCESSO – CABIMENTO – APLICAÇÃO DO ARTIGO 28 DO CÓDIGO DE PROCESSO PENAL – O legislador outorgou ao Ministério Público e somente a ele a faculdade de propor ou não o benefício da suspensão condicional do processo. Portanto, não cabe ao Juiz se sobrepor àquele órgão quando não é feita a proposta. Quando o Promotor de Justiça, seja qual for o motivo, deixa de oferecer a oportunidade do benefício, o juiz deve encaminhar os autos ao Procurador Geral de Justiça, aplicando, por analogia, o disposto no artigo 28 do Código de Processo Penal." Recurso provido. (STJ – RHC 200500151656 – (17242 SP) – 5ª T. – Rel. Min. José Arnaldo da Fonseca – DJU 11.04.2005 – p. 00336).

[40] STJ – Súmula nº 243 – O benefício da suspensão do processo não é aplicável em relação às infrações penais cometidas em concurso material, concurso formal ou continuidade delitiva, quando a pena mínima cominada, seja pelo somatório, seja pela incidência da majorante, ultrapassar o limite de um (01) ano.

[41] RECURSO ESPECIAL – PENAL – CRIME FALIMENTAR – PRESCRIÇÃO – DOIS ANOS – AUSÊNCIA – ALEGAÇÕES FINAIS – NULIDADE – Pelo que consta dos autos, o último fato interruptivo da prescrição deu-se em 26.04.01; e, sendo de dois anos o prazo prescricional das ações relativas aos crime falimentares, independentemente da pena aplicada, verifica-se a prescrição da ação penal. Recurso prejudicado. (STJ – RESP 200302177879 – (612961 MG) – 5ª T. – Rel. Min. José Arnaldo da Fonseca – DJU 11.04.2005 – p. 00362)

[42] Súmula nº 147 do STF – A prescrição de crime falimentar começa a correr da data em que deveria estar encerrada a falência, ou do trânsito em julgado da sentença que a encerrar ou que julgar cumprida a concordata.

[43] RECURSO ESPECIAL – PENAL – CRIME FALIMENTAR – PRESCRIÇÃO DA PRETENSÃO PUNITIVA – MATÉRIA DE ORDEM PÚBLICA – DECLARAÇÃO DE OFÍCIO – RECURSO

Com isso, de forma mais desafogada, podem-se apreciar os atos que levaram a empresa à quebra, bem como a real participação de cada um dos seus co-responsáveis.

Pelo artigo 182, a nova lei passa a tratar a prescrição do delito falimentar com as mesmas regras do Código Penal, analisando-se, por exemplo, a prescrição da pretensão punitiva, em abstrato de cada crime isoladamente, comparando-o com os prazos previstos no artigo 109 do Código Penal.

Então, a falência fraudulenta, que pela nova lei a pena é de três a seis anos de reclusão, terá o prazo prescricional acontecido em 12 anos. Dispõe a lei que as obrigações do falido prescrevem, concretamente, em cinco anos, se não tiver existido crime falimentar, imputável ao falido, se comerciante singular ou ao sócio-gerente, ou se se tratar de sociedades comerciais, podendo abranger a todos aqueles que são responsáveis pela empresa.

Havendo crime falimentar, a extinção só ocorrerá se a pena aplicável for a de detenção. Se for a de reclusão, não ocorre o benefício da prescrição como meio de extinção da obrigação.

Havendo condenação do falido com pena de detenção, o prazo será de dez anos para que se consume a prescrição das suas obrigações, podendo assim requerer a declaração judicial neste sentido, para poder voltar ao comércio.

Então, a grande diferença da lei velha: o prazo prescricional inicia-se a partir do encerramento da falência.

13. O Ministério Público na Lei Falimentar

A lei nova aboliu o inquérito policial e, em razão disso, ficou tacitamente delegada ao órgão ministerial a iniciativa da sua participação em todos os atos que a ele são atribuídos.

Diz a lei que o Ministério Público é uma instituição permanente, essencial à função jurisdicional do Estado, incumbindo-lhe a defesa da ordem jurídica, do regime democrático e dos interesses sociais e individuais indisponíveis.

PREJUDICADO – 1. Nos crimes falimentares a prescrição ocorre no prazo de dois anos, tanto na prescrição da pretensão punitiva como na prescrição da pretensão executória. As causas interruptivas insertas no Código Penal incidem sobre esse prazo (Súmula 592 STF). 2. O último marco interruptivo do lapso prescricional foi a sentença condenatória, publicada em 30 de fevereiro de 2002. Manifesta está, portanto, a extinção da punibilidade estatal pela prescrição superveniente, por já ter se consumado o lapso prescricional de dois anos. 3. Tratando-se de matéria de ordem pública, é prescindível a provocação da parte para o reconhecimento da prescrição, devendo esta ser declarada de ofício, em qualquer fase do processo. 4. Declaração da extinção da punibilidade estatal pela prescrição da pretensão punitiva superveniente, restando, pois, prejudicado o Recurso Especial. (STJ – RESP 200401503766 – (696981 SP) – 5ª T. – Relª Min. Laurita Vaz – DJU 02.05.2005 – p. 00404)

Mais, ainda: No exercício de suas funções, o Ministério Público poderá:

I – instaurar inquéritos civis e outras medidas e procedimentos administrativos pertinentes e, para instruí-los:

a) expedir notificações para colher depoimento ou esclarecimentos e, em caso de não comparecimento injustificado, requisitar condução coercitiva, inclusive pela Polícia Civil ou Militar, ressalvadas as prerrogativas previstas em lei;

b) requisitar informações, exames periciais e documentos de autoridades federais, estaduais e municipais, bem como dos órgãos e entidades da administração direta, indireta ou fundacional, de qualquer dos Poderes da União, dos Estados, do Distrito Federal e dos Municípios;

c) promover inspeções e diligências investigatórias junto às autoridades, órgãos e entidades a que se refere a alínea anterior;

II – requisitar informações e documentos a entidades privadas, para instruir procedimentos ou processo em que oficie;

III – requisitar à autoridade competente a instauração de sindicância ou procedimento administrativo cabível;

IV – requisitar diligências investigatórias e a instauração de inquérito policial e de inquérito policial militar, observado o disposto no artigo 129, inciso VIII, da Constituição Federal, podendo acompanhá-los;

V – praticar atos administrativos executórios, de caráter preparatório;

VI – dar publicidade dos procedimentos administrativos não disciplinares que instaurar e das medidas adotadas;

VII – sugerir ao Poder competente a edição de normas e a alteração da legislação em vigor, bem como a adoção de medidas propostas, destinadas à prevenção e controle da criminalidade;

VIII – manifestar-se em qualquer fase dos processos, acolhendo solicitação do juiz, da parte ou por sua iniciativa, quando entender existente interesse em causa que justifique a intervenção.

Assim sendo, poderá ele intervir em todos os atos processuais da falência e da recuperação, desde que dentro de suas prerrogativas escritas na lei que o regulamentou.

E não raras vezes a nova lei se refere à intervenção do Ministério Público. O artigo 8º da nova lei, por exemplo, fala em qualquer credor, o devedor ou seus sócios, ou o Ministério Público podem apresentar ao juiz impugnações.

A mesma referência encontramos no artigo 19. O § 4º do artigo 22, fala em "Se o relatório de que trata a alínea 'e' do inciso II do *caput* deste artigo apontar responsabilidade penal de qualquer dos envolvidos, o Ministério Público será intimado para tomar conhecimento de seu teor."

E a própria iniciativa do órgão ministerial é imposta pelo artigo 187 da lei de falências, que lhe dá competência inclusive para requisitar a abertura de inquérito policial, oferecer denúncia e, se for o caso, requerer a prisão preventiva nos casos autorizados pela lei.

Pode, ainda, requerer a substituição do administrador judicial ou a dos membros do "Comitê". É sua atribuição, também, a propositura da ação revocatória, bem como agravar da decisão que conceder a recuperação judicial, deixando de ser mero espectador do processo, mas seu fiel órgão fiscalizador.

Alguns doutrinadores questionam o problema relativo ao princípio da unidade na apuração do crime falimentar. Sem dúvida que, apresentada a denúncia imediatamente após a sentença falimentar, sobrevindo o conhecimento da existência de outras figuras delitivas, pode tanto haver nova denúncia, ou, simplesmente, a figura de um aditamento à denúncia anterior.

14. Da Competência e da Jurisdição

Era de se esperar que a nova lei trouxesse um avanço técnico que imprimiria, sem dúvida, uma maior celeridade ao processo, desde que fosse outorgada ao juiz da falência a competência para o julgamento dos crimes que à lei de falências fossem inerentes.

No entanto, a lei se prendeu ao cacoete de uma lei que vigia há mais de sessenta anos. Os crimes falimentares deveriam ser da competência do próprio juiz da falência.

O juiz da jurisdição falimentar que teria decretado a falência concedida a recuperação judicial ou, homologado o plano de recuperação extrajudicial, é quem deveria ter a obrigação de jurisdicionar tais processos.

A nova lei deu, de forma equivocada, "ao juiz criminal da jurisdição onde tenha sido decretada a falência, concedida a recuperação judicial ou homologado o plano de recuperação extrajudicial."

15. Dos Crimes Falimentares em Concreto

Sem sentença não se pode falar em crime falimentar. Para a realização do tipo penal falimentar, há que haver uma sentença. É que, para tanto, o ato, para ser tido como criminoso, só pode ocorrer antes ou depois de qualquer das sentenças, seja a que decretou a falência, seja a que concedeu a recuperação judicial ou que homologou a recuperação extrajudicial e contar, inclusive, com o conluio de alguns credores.

Antes disso não se pode caracterizar qualquer conduta como típica de crime falimentar. Poderá haver incidência da legislação comum, excepcionalmente, como as prevista no Código Penal, estelionato, apropriação indébita, fraude contra credor etc.[44]

---

[44] PROCESSUAL PENAL – CONFLITO NEGATIVO DE COMPETÊNCIA – JUÍZOS CRIMINAL E FALIMENTAR – ESTELIONATO – CRIME AUTÔNOMO – Inexistindo nos autos qualquer

Com isso, pode-se dizer que, é condição objetiva de punibilidade. A declaração da falência, da concessão ou da homologação, passa a se constituir elemento *essentialia delicti*.

A regra é ditada pelo artigo 187 da nova lei, que diz que, ao ser intimado o Ministério Público da sentença que decreta a falência ou concede a recuperação judicial e verificando a existência de crime falimentar, promoverá imediatamente a ação penal.

Para tanto, é necessário haver elementos suficientes de autoria e prova da sua materialidade, desde que haja uma das fórmulas sentenciais.

São os crimes falimentares, todos, dolosos. Exige-se por parte do agente a conduta movida pela má-fé, pelo pleno conhecimento da situação, a vontade dirigida para a prática delitiva.

Não se conhecem os tipos culposos e nem o dolo eventual. Não basta mais, como outrora, a presença de uma conduta temerária na gestão da empresa. Nem a imperícia, imprudência ou negligência na administração da empresa, pois tais elementos se constituem condutas atípicas.

Sem a presença do dolo direito, não há se falar em crime falimentar.

16. O Princípio da Insignificância no Crime Falimentar

Jescheck já chamava a atenção para o fato de que comumente se confundem os conceitos de ilícito e de injusto. A ilicitude é uma contradição que se estabelece entre a conduta e a norma jurídica; o injusto é a valoração antijurídica que se agrega à conduta ilícita.

Assim, o injusto, algo que a sociedade reconhece como aquilo que não se deva fazer, envolve, em seu espaço de existência, toda e qualquer ação típica e ilícita, inclusive aquela que não venha a ser culpável dada a sua pouca significação para o direito penal.[45]

A nova lei prevê – *de jure constituto* – a atipicidade nos casos de insignificância falimentar. Sempre que a dívida não ultrapassar quarenta salários mínimos, na data do pedido da falência, nos termos do

---

conexão entre o possível crime de estelionato e a falência decretada, fica afastada a competência do juízo falimentar. Conflito conhecido. Competente o Juízo de Direito da 4ª Vara Criminal de Brasília, o suscitado. (STJ – CC 31294 – SP – 3ª S. – Rel. Min. Felix Fischer – DJU 19.12.2002)

[45] PENAL – *HABEAS CORPUS* – ARTIGO 157, § 2º, INCISOS I E II, DO CP – PRINCÍPIO DA INSIGNIFICÂNCIA – Na aplicação do princípio da insignificância devem ser considerados o tipo de injusto e o bem jurídico atingido. O objeto material, aí, nem sempre é decisivo mormente em se tratando de crime complexo em sentido estrito. Ainda que se considere o delito como de pouca gravidade, tal não se identifica com o indiferente penal se, como um todo, observado o binômio tipo de injusto/bem jurídico, deixou de se caracterizar a sua insignificância. Writ denegado. (STJ – HC 200500448655 – (42661 MG) – 5ª T. – Rel. Min. Felix Fischer – DJU 20.06.2005 – p. 00326) JCP.157 JCP.157.2.I JCP.157.2.II.

artigo 94, I, da lei de falências, não poderá ser decreta a falência do devedor.

Assim que, não haverá a realização da figura do crime falimentar sempre que o valor da dívida for inferior a quarenta salários mínimos.[46]

Hoje em dia já não se discute o princípio da insignificância como excludente da tipicidade, mais precisamente a tipicidade material, consoante recente decisão do STF (HC 84.412-0/SP, Celso de Mello).

Apenas que não se deve confundir o conceito de ilícito de menor potencial ofensivo com o crime de bagatela. Pelo princípio da insignificância, há exclusão da tipicidade, e é um "não-crime", enquanto no crime de bagatela o fato é típico, devendo seu autor ser submetido a processo e julgamento se não for possível a conciliação ou a transação.

Em regra, na aplicação do princípio da insignificância deveriam ser considerados o tipo de injusto e o bem jurídico atingido.[47] No caso, deve-se considerar o princípio, pela atipicidade da figura, eis que, para tanto criou-se mediante previsão legal.

17. Da Tentativa

A tentativa é um crime que não se consumou. É uma ação típica que foi obstaculizada mesmo em movimento, impedindo o seu agente de alcançar a sua satisfação.

Consumar é finalizar, é alcançar a satisfação da conduta contrária ao Direito. Pode-se afirmar que o crime está consumado quando o tipo está completamente atingido pelo agente, isto é, quando se pode perceber sem relutar que o fato concreto se subsume no tipo abstrato da lei.

Se estiverem preenchidos todos os elementos do tipo pela conduta delituosa, está-se frente à consumação.

Segundo a leitura do artigo 14, inc. I, do Código Penal, o crime está consumado quando todas as condições para a perfectibilização do tipo estão presentes.

---

[46] CRIME CONTRA A ORDEM TRIBUTÁRIA – ELEMENTO SUBJETIVO – DOLO ESPECÍFICO – PRINCÍPIO DA INSIGNIFICÂNCIA – 1. Absolve-se acusado de prática de crime fiscal, quando não demonstrado elemento subjetivo – Dolo específico. 2. Princípio da insignificância justifica a destipificação da conduta, quando a lesão – Ínfima – Não provoca impacto relevante no bem jurídico protegido. 3. Apelação a que se nega provimento – Absolvição confirmada. (TRF 1ª R. – ACR 9501287696 – BA – 4ª T. – Rel. Des. Fed. Hilton Queiroz – DJU 03.03.2005 – p. 16).

[47] PENAL E PROCESSUAL PENAL – RECURSO ESPECIAL – FURTO – PRINCÍPIO DA INSIGNIFICÂNCIA – I – No caso de furto, para efeito da aplicação do princípio da insignificância, é imprescindível a distinção entre ínfimo (ninharia) e pequeno valor. Este, *ex vi legis*, implica eventualmente, em furto privilegiado; aquele, na atipia conglobante (dada a mínima gravidade). II – A interpretação deve considerar o bem jurídico tutelado e o tipo de injusto. Recurso provido. (STJ – RESP 200401112568 – (696389 RS) – 5ª T. – Rel. Min. Felix Fischer – DJU 23.05.2005 – p. 00340).

O inciso II do mencionado artigo, diz que a tentativa é aquela que *"quando, iniciada a execução, não se consuma, por circunstâncias alheias à vontade do agente"*.

Para muitos doutrinadores, a tentativa somente seria possível ao se analisarem os chamados crimes materiais, ficando distantes dela os crimes de mera conduta e os formais.

Nos crimes formais, a consumação só é possível quando acontece a própria ação. Como é aceito pela doutrina, aqui não se precisa da figura do resultado.

O delito de extorsão, por exemplo, enquanto crime formal, prescinde, para sua consumação, da efetiva obtenção da indevida vantagem econômica, sendo esta, um mero exaurimento da conduta criminosa.[48]

A Súmula nº 96 do STJ preleciona que o crime de extorsão se consuma independentemente da obtenção da vantagem indevida.

O tipo penal previsto no artigo 177 da nova lei de falências, afigura-se como crime formal, no qual independe o resultado que dele ocorrer.

O simples ato de *adquirir* já caracteriza o ilícito. Portanto, para esse tipo delitivo não há se falar em tentativa.

Já a figura prevista no artigo 168 da nova lei, é tida como crime de fraude falimentar, derivada da figura inscrita no artigo 171 do Código Penal, estelionato. E o estelionato só se consuma "com a obtenção da vantagem ilícita em prejuízo alheio".[49]

Admite-se, no caso do artigo 168, a forma tentada, especialmente quando o agente utiliza meios capazes de iludir o ofendido e, tal ofensa não se consuma por circunstâncias completamente alheias à vontade do agente.[50]

Já, violar, explorar ou divulgar, sem justa causa, sigilo empresariais ou dados confidenciais sobre operações ou serviços, contribuindo para a condução do devedor a estado de inviabilidade econômica ou financeira, há que se ter a presença do resultado prejudicial à vítima. Por isso, admite-se, o crime tentado.

---

[48] Artigo 158. Constranger alguém, mediante violência ou grave ameaça, e com o intuito de obter para si ou para outrem indevida vantagem econômica, a fazer, tolerar que se faça ou deixar de fazer alguma coisa:

[49] Fragoso, Heleno Cláudio. *Lições de Direito Penal*, vol. 2. 2ª ed. São Paulo: J. Bushatsky, 1962, p. 349.

[50] PENAL – PROCESSO PENAL – ESTELIONATO – ARTIGO 171, § 3º, DO CÓDIGO PENAL C/C ARTIGO 14, II – CHEQUES FURTADOS – PREENCHIMENTO PELO ACUSADO – 1. Há tentativa de estelionato quando o agente utiliza meios capazes de iludir o ofendido e só não consuma o crime por circunstâncias alheias à sua vontade. 2. A não emissão de nota fiscal não descaracteriza o crime de estelionato, na compra e venda realizada com cheque falso. 2. Recurso não provido. (TRF 1ª R. – ACR 199932000038608 – AM – 3ª T. – Rel. Des. Fed. Tourinho Neto – DJU 14.01.2005 – p. 30) JCP.171 JCP.171.3 JCP.14.

Em tese, a maioria dos crimes falimentares admite a figura do delito tentado.

18. Da Irretroatividade da Lei Falimentar – *Novatio Legis In Pejus*

O princípio básico que predomina quanto à sucessão de leis e a sua aplicação é o *tempus regit actum*. Quer dizer, os atos são regulados pela lei que vige ao tempo de sua ação.

Em princípio, a norma jurídica não tem o condão de alcançar os fatos que lhes são anteriores, isto é, não tem o poder de alcançar fatos cometidos antes de sua entrada em vigor.

Pode-se, sem receio, afirmar que em nosso ordenamento jurídico a lei não retroage. A hipótese de irretroatividade das leis, em geral, está alicerçada no princípio da garantia e da estabilidade da ordem jurídica, pois se assim não fosse, estaríamos frente a uma situação geradora de insegurança jurídica, a ameaçar os direitos dos indivíduos.

Heleno Fragoso ensinava que a irretroatividade da lei penal foi proclamada com a afirmação, no século das luzes, do princípio *nullum crimen nulla poena sine lege*.

A retroatividade da lei mais benigna, no entanto, encontrou, na intangibilidade da coisa julgada, importante limitação, reconhecida por numerosas legislações e autores.[51]

Outrossim, no caso do direito penal, a irretroatividade da lei incriminadora é conseqüência direta de um outro princípio: o princípio da legalidade – garantia constitucional já descrita na abordagem de tal matéria. Vai, também ao encontro do princípio da anterioridade, já que não há crime sem prévia lei anterior que o defina.

Se a lei posterior apresenta-se mais severa em comparação com a lei anterior – *lex gravior* –, não se pode admitir a sua retroatividade.

Ora, entre os crimes repetidos na nova lei e que tiveram suas penas exasperadas, temos a figura da *novatio legis in pejus*, que não retroagirá, por prejudicar aquele que praticou o crime na vigência da lei anterior (princípio da irretroatividade da lei mais severa).

Neste caso, aplica-se o princípio da ultra-atividade da lei anterior.

Assim, pelo artigo 187 da lei anterior, o delito era punido com a pena de reclusão de um a quatro anos. O mesmo tipo penal, pela nova lei, foi substituído pelo artigo 168 que prevê pena de reclusão de três a seis anos, e multa. Se o fato é anterior, não há que se falar em punição pela nova lei.

---

[51] FRAGOSO, Heleno Cláudio. *Lições de Direito Penal*, Parte Geral. 4ª ed., Rio de Janeiro: Forense, 1980, p. 101.

Outras causas de aumento de pena previstas no § 1º, incs. I a V do artigo 168, não podem ser aplicados aos eventos praticados na vigência da lei velha. O crime de habilitação ilegal de crédito que, pelo artigo 189, II, da lei anterior, que era punida com a pena de reclusão de um a três anos, e que passou a ser punida pelo artigo 175 da nova Lei de dois a quatro anos, e mais multa não atingirão os fatos anteriores. Da mesma forma o crime de violação de impedimento, que pelo artigo 190 da lei anterior era penalizado com pena de detenção de um a dois anos; pela nova lei, artigo 177, alteradas restaram as penas, de detenção, para as de reclusão, de dois a quatro anos.

Nesses casos, sendo a lei nova mais severa, não pode haver a retroatividade da nova lei, tendo lugar o princípio da ultra-atividade, da lei anterior, bem mais benigna.

Dos Crimes em Espécie

19. Fraudes a Credores

Artigo 168: Praticar, antes ou depois da sentença que decretar a falência, conceder a recuperação judicial ou homologar a recuperação extrajudicial, ato fraudulento de que resulte ou possa resultar prejuízo aos credores, com o fim de obter ou assegurar vantagem indevida para si ou para outrem.

A nova lei, de acordo com a tradição legislativa penal brasileira, dá o nome júris a todas as infrações penais. A prevista no artigo 168 da nova lei: é tida como crime de fraude falimentar. Deriva da figura inscrita no artigo 171 do Código Penal estelionato.

Implica o tipo penal a falsidade no curso do processo como, por exemplo, *"fraude a credores"*, *"contabilidade paralela"*, *"violação de sigilo empresarial"*, *"divulgação de informações falsas"*, *"indução a erro"*, *"favorecimento de credores"*, entre outras.

A nova lei repete o artigo 187 da lei anterior, com a diferença da penalização, que passou para três a seis anos de reclusão, e mais multa.

Tem tal tipo punitivo a finalidade de dar proteção da fé pública, tanto dos casos de fraude a credores, especialmente na sua forma qualificada pela falsificação da escrituração contábil, ou, se o devedor mantém recursos ou valores em contabilidade paralela.

Há nisso, também, ofensa à ordem tributária.

No delito de violação de impedimento previsto no artigo 177 da nova lei, a tutela é a da moralidade pública e, com mais intensidade, a moralidade da justiça.

No desvio, ocultação ou apropriação de bens eleita no artigo 173, assim como em aquisição, recebimento ou uso ilegal de bens (artigo 174), tutelam-se os interesses patrimoniais dos credores.

No exercício ilegal de atividade constante no artigo 176 da nova lei, a tutela é resguardar a administração da justiça.

Como primeiro tipo punitivo é a que trata das fraudes de comerciantes a seus credores. O verbo-núcleo do tipo é o "praticar".

Esta prática fraudulenta deve resultar, ou poderá resultar em prejuízo aos credores, com o fim de obter ou assegurar vantagem indevida para si ou para outrem. É o que se poderia chamar de estelionato falencial.[52]

Para tanto, é obrigatória a presença de indícios de autoria e da materialidade delitiva. Teleologicamente, sempre que houver esta prática, com o fim de obtenção da vantagem ilícita em prejuízo alheio, o que ocorrerá, por exemplo, no caso de pagamento por cheque, efetuado mediante depósito bancário pelo sistema, e não se obtiverem os necessários fundos, ocorrerá o crime de estelionato.

Mas, nem sempre o estelionato tem conexão com o crime falimentar. E, inexistindo nos autos qualquer conexão entre o possível crime de estelionato e a falência decretada, fica afastada a competência do juízo falimentar.[53]

Para tanto, com o fim de integração do tipo penal, é necessário que haja, antes ou depois da sentença que decretar a falência, conceder a recuperação judicial ou homologar a recuperação extrajudicial, "a prática" de ato fraudulento de que resulte prejuízo aos credores, desde que com o fim de obter ou assegurar vantagem indevida para si ou para outrem. A conseqüência penal será a pena de reclusão, de 3 (três) a 6 (seis) anos, e multa.

20. Do Aumento de Pena

> § 1º A pena aumenta-se de um sexto a um terço, se o agente: A pena poderá ser aumenta de 1/6 (um sexto) a 1/3 (um terço), se o agente elaborar escrituração contábil ou balanço com dados inexatos; omitir, na escrituração contábil ou no balanço, lançamento que deles deveria constar, ou altera escrituração ou balanço verdadeiros, destruir, apagar ou corromper dados contábeis ou negociais armazenados em computador ou sistema informatizado.

Da mesma forma que simular a composição do capital social,

---

[52] PROCESSUAL PENAL E PENAL – FALSIFICAÇÃO DE VALE POSTAL – EMPRESA BRASILEIRA DE CORREIOS E TELEGRÁFOS – EBCT – SENTENÇA CONDENATÓRIA – ESTELIONATO – RECURSO SEM RAZÕES DE APELAÇÃO – CONFISSÃO ESPONTÂNEA – ATENUANTE – 1. Autoria e materialidade inequívocas da prática do crime descrito no artigo 171, § 3º, do Código Penal, consubstanciado na falsificação de vales postais da Empresa Brasileira de Correios e Telégrafos – EBCT comprovada mediante confissão do réu em juízo, ratificando confissão obtida na fase policial e em total harmonia com o conjunto probatório, inclusive com a perícia técnica, que concluiu ter sido o réu quem preencheu os documentos falsificados. 2. A simples alegação de dificuldades financeiras não é suficiente para excluir o dolo, o qual, na hipótese, residiu na vontade livre e consciente de emitir vales postais falsos e receber os valores correspondentes na agência destinatária sem a contrapartida do depósito na agência de origem. 3. Não incide o § 3º do artigo 171, do Código Penal, se o crime de estelionato é praticado em detrimento da Empresa Brasileira de Correios e Telégrafos, vez que a mesma não é entidade de direito público nem de instituto de economia popular, assistência social ou beneficência. 4. É de se aplicar, porém, a redução de 6 (seis) meses da pena em razão da atenuante de confissão espontânea prevista no artigo 65, inciso III, alínea "d", do Código Penal, que deverá ser calculada antes do aumento pela continuidade delitiva. 5. Apelação parcialmente provida. (TRF 1ª R. – ACR 199801000222713 – MG – 3ª T.Supl. – Rel. Juiz Fed. Wilson Alves de Souza – DJU 17.02.2005 – p. 25).

[53] STJ – CC 31294 – SP – 3ª S. – Rel. Min. Felix Fischer – DJU 19.12.2002.

destruir, ocultar ou inutilizar, total ou parcialmente, os documentos de escrituração contábil obrigatórios.

O aumento de pena se dará sempre que alguém:

a) elabora escrituração contábil ou balanço com dados inexatos;

b) omite, na escrituração contábil ou no balanço, lançamento que deles deveria constar, ou altera escrituração ou balanço verdadeiros;

c) destrói, apaga ou corrompe dados contábeis ou negociais armazenados em computador ou sistema informatizado;

d) simula a composição do capital social;

e) destrói, oculta ou inutiliza, total ou parcialmente, os documentos de escrituração contábil obrigatórios.

21. Da Contabilidade Paralela

§ 2º A pena é aumentada de um terço até metade se o devedor manteve ou movimentou recursos ou valores paralelamente à contabilidade exigida pela legislação.

O artigo 168 da Lei nº 11.101/2005, pelo seu § 2º, "a pena é aumentada de um terço até metade, se o devedor manteve ou movimentou recursos ou valores paralelamente à contabilidade exigida pela legislação."

É das fraudes mais freqüentes nos crimes abrangidos pela nova lei. O gerenciador da quebrada, para fugir geralmente dos agentes do fisco, alteram, omitem, a realidade contábil, incidindo, por isso, nas penas da lei.

22. Concurso de Pessoas

§ 3º Nas mesmas penas incidem os contadores, técnicos contábeis, auditores e outros profissionais que, de qualquer modo, concorrerem para as condutas criminosas descritas neste artigo, na medida de sua culpabilidade.

Acrescente-se à matéria anteriormente abordada que, o artigo 29 do Código Penal dispõe que incide nas penas cominadas ao crime quem, de qualquer maneira, concorre para sua realização. Assim dispondo, o Código equipara, em princípio, todos os que intervêem no delito. Distingue o autor principal do secundário, o cúmplice do autor; concorrendo todos para o crime, respondem pela pena a ele cominada.

É que, em matéria de causalidade física, o Código já havia adotado a teoria da equivalência das condições, ou da *conditio sine qua non*. Causa do crime é, portanto, tudo o que concorre direta ou indiretamente para a concretização do resultado danoso.

Obediente à norma geral, o § 3º do mencionado dispositivo da lei falimentar diz que, "incidem nas mesmas penas os contadores, técnicos contábeis, auditores e outros profissionais que, de qualquer modo, concorrerem para as condutas criminosas descritas neste artigo, na medida de sua culpabilidade."

23. Redução ou Substituição da Pena

> § 4º Tratando-se de falência de microempresa ou de empresa de pequeno porte, e não se constatando prática habitual de condutas fraudulentas por parte do falido, poderá o juiz reduzir a pena de reclusão de um a dois terços ou substituí-la pelas penas restritivas de direitos, pelas de perda de bens e valores ou pelas de prestação de serviços à comunidade ou a entidades públicas.

Diz o § 4º do artigo que, em se "tratando de falência de microempresa ou de empresa de pequeno porte, e não se constatando prática habitual de condutas fraudulentas por parte do falido, poderá o juiz reduzir a pena de reclusão de 1/3 (um terço) a 2/3 (dois terços), ou substituí-la pelas penas restritivas de direitos, pelas de perda de bens e valores ou pelas de prestação de serviços à comunidade ou a entidades públicas."

24. Violação de Sigilo Empresarial

> Artigo 169. Violar, explorar ou divulgar, sem justa causa, sigilo empresarial ou dados confidenciais sobre operações ou serviços, contribuindo para a condução do devedor a estado de inviabilidade econômica ou financeira: Pena – reclusão, de 2 (dois) a 4 (quatro) anos, e multa.

O artigo 169 da nova lei de falências tem origem no tipo penal previsto no artigo 325 do Código Penal,[54] que pune a quem revelar fato de que tem ciência em razão do cargo e que deva permanecer em segredo, ou facilitar-lhe a revelação.

Prevê o artigo da nova lei proteção da própria viabilidade econômica ou financeira da empresa. O dolo está na vontade determinada de prejudicar a saúde da empresa.

O elemento essencial do tipo está no violar, explorar ou divulgar sigilo empresarial, ou dados confidenciais sobre operações ou serviços da firma, desde que, "sem justa causa".

Havendo uma causa justa, não há falar em delito.

25. Divulgação de Informações Falsas

> Artigo 170. Divulgar ou propalar, por qualquer meio, informação falsa sobre devedor em recuperação judicial, com o fim de levá-lo à falência ou de obter vantagem: Pena de reclusão, de 2 (dois) a 4 (quatro) anos, e multa.

Juridicamente, este tipo penal se equipara aos delitos de falsidade, especialmente ao de falsidade ideológica, previstos no artigo 299

---

[54] Artigo 325. Revelar fato de que tem ciência em razão do cargo e que deva permanecer em segredo, ou facilitar-lhe a revelação: Pena – detenção, de 6 (seis) meses a 2 (dois) anos, ou multa, se o fato não constitui crime mais grave.

do Código Penal, que pune a quem *"omitir"*, em documento público ou particular, declaração que dele deveria constar, ou que nele inserir ou fazer inserir declaração falsa ou diversa da que deveria ser escrita, com o fim de prejudicar direito, criar obrigação ou alterar a verdade sobre fato juridicamente relevante.

O dolo específico é a vontade dirigida ao fim de prejudicar direito alheio, alterando a verdade dos fatos.

26. Indução a Erro

> Artigo 171. Sonegar ou omitir informações ou prestar informações falsas no processo de falência, de recuperação judicial ou de recuperação extrajudicial, com o fim de induzir a erro o juiz, o Ministério Público, os credores, a assembléia-geral de credores, o Comitê ou o administrador judicial: Pena – reclusão, de 2 (dois) a 4 (quatro) anos, e multa.

A característica do tipo de indução a erro é, sem dúvida, a simulação, tentando iludir as autoridades, conduzindo-os a erro. Tendo havido intuito de prejudicar a terceiros, ou infringir preceito de lei, à simulação do ato, é mais uma forma de falsidade ideológica.

Não é dirigido apenas para o devedor, mas como, e também, ao administrador judicial, aos credores, pois que todos são obrigados a prestar informações límpidas.

Apenas que a punição é mais grave do que na lei velha, já que lá era de um a cinco anos e, aqui, a pena é de dois a quatro anos de reclusão, mais multa.

27. Favorecimento de Credores

> Artigo 172. Praticar, antes ou depois da sentença que decretar a falência, conceder a recuperação judicial ou homologar plano de recuperação extrajudicial, ato de disposição ou oneração patrimonial ou gerador de obrigação, destinado a favorecer um ou mais credores em prejuízo dos demais: Pena – reclusão, de 2 (dois) a 5 (cinco) anos, e multa.
>
> Parágrafo único. Nas mesmas penas incorre o credor que, em conluio, possa beneficiar-se de ato previsto no *caput* deste artigo.

O tipo penal constante do artigo 172 da Nova Lei de Falências dispõe sobre o mesmo tema, ainda que de forma mais ampla, daquele constante do artigo 188, inciso II, do Decreto-Lei n° 7.661/45, já revogado.

O dispositivo revogado estatuía expressamente, que "será punido o devedor com a mesma pena do artigo antecedente (reclusão de um a quatro anos), quando com a falência concorrer pagamento antecipado de uns credores em prejuízo de outros".

O delito do tipo em comento é comum, podendo ser praticado por qualquer pessoa, e de dano, exigindo o prejuízo dos demais credores, em favor de um determinado, valendo-se, para tanto, do patrimônio da massa falida.

O artigo em tela tenta evitar que o devedor pague, antecipadamente, a uns determinados credores em prejuízo a outros. Trata-se, sem dúvida, de evitar que no fito de se proteger determinado credor, se aja com má-fé, fingimento ou simulação. Busca-se evitar toda e qualquer tentativa de fraude, especialmente, também, a de simulações de perdas, dívidas fictas, oneração de patrimônio, compra ou transferência de bens a terceiros etc.

A pena é de reclusão de 2 a cinco anos e multa.

28. Desvio, Ocultação ou Apropriação de Bens

Artigo 173. Apropriar-se, desviar ou ocultar bens pertencentes ao devedor sob recuperação judicial ou à massa falida, inclusive por meio da aquisição por interposta pessoa: Pena – reclusão, de 2 (dois) a 4 (quatro) anos, e multa.

Aqui, os verbos nucleares do tipo penal são três: apropriar-se, desviar e ocultar. A direção do tipo é, tanto ao desvio dos bens do falido, quanto ao desvio dos bens da massa falida. E, quanto ao desvio de bens já arrecadados, o que é mais grave, a figura penal é dirigida àquele que detém a guarda, ou aos terceiros que deles venham a se beneficiar.

O delito do artigo 173 da Nova Lei de Falências é um crime de dano, de larga incidência na matéria falimentar.

Trata-se de crime comum, podendo ser cometido por qualquer pessoa, e consiste na subtração de bens pertencentes ao devedor sob recuperação judicial ou à massa falida.

Não há o ânimo de apropriação do bem, apenas destino diverso, retirando do alcance da massa falida ou dos legítimos credores.[55]

A pena é de reclusão de 2 a 4 anos e multa.

---

[55] CRIMINAL – RHC – CRIME FALIMENTAR – DESVIO DE BENS – FORMAÇÃO DE QUADRILHA – TRANCAMENTO DA AÇÃO PENAL – INÉPCIA DA DENÚNCIA – ATIPICIDADE DA CONDUTA – FALHAS NÃO VISLUMBRADAS – QUESTÕES CONTROVERTIDAS DEVEM SER SUBMETIDAS À INSTRUÇÃO CRIMINAL – INCOMPETÊNCIA DO JUÍZO FALIMENTAR PARA O PROCESSO E JULGAMENTO DO CRIME DE QUADRILHA – IMPROCEDÊNCIA – CONEXÃO – PRISÃO PREVENTIVA – RÉU FORAGIDO – NECESSIDADE DA CUSTÓDIA DEMONSTRADA – PRISÃO ADMINISTRATIVA – SÚMULA Nº 280/STJ – RECURSO PARCIALMENTE CONHECIDO E DESPROVIDO – *HABEAS CORPUS* DE OFÍCIO CONCEDIDO – Hipótese em que o paciente foi denunciado pela suposta prática de crime falimentar (desvio de bens) e formação de quadrilha, tendo sido decretadas as suas prisões administrativa e preventiva. Pleito de trancamento da ação penal por inépcia da denúncia, em razão da ilegitimidade passiva e atipicidade da conduta do paciente, e de revogação das custódias. Os vícios apontados pelo recorrente, quanto à atipicidade da conduta e ilegitimidade passiva, não restaram, de plano, comprovados. Se evidenciada a ocorrência de suposta transferência de valores para conta no exterior, ainda que de titularidade da empresa falida, e a ausência de arrecadação da referida quantia na fase própria do processo de falência, em prejuízo aos credores, resta configurado, em tese, o crime de desvio de bens. A associação de mais de três pessoas para o fim de cometer crimes, caracteriza o eventual cometimento do delito de formação de quadrilha ou bando, ainda que nenhum crime seja efetivamente praticado, bastando, portanto, o intuito de proceder à prática delitiva. A via eleita não se presta para verificar se o paciente é, ou não, sócio, diretor

29. Aquisição, Recebimento ou uso Ilegal de Bens

Artigo 174. Adquirir, receber, usar, ilicitamente, bem que sabe pertencer à massa falida ou influir para que terceiro, de boa-fé, o adquira, receba ou use: Pena – reclusão, de 2 (dois) a 4 (quatro) anos, e multa.

O delito do artigo 174 trata-se de um crime de receptação, de uma maneira especial, amoldando-se à Nova Lei de Falências.

Aqui, o endereço é a quem adquire, recebe, ilicitamente, bem a que sabe pertencer à massa falida. O simples uso é também punido. Além dos três verbos a nuclearem tal tipo penal, outro a ele se agrega: o verbo *influir*. É punido aquele que influencia terceiro de boa-fé, a usar, receber ou adquirir bem de massa falida.

Trata-se de um delito material, de dano, e comum, podendo ser praticado por qualquer pessoa.

A pena é, também, de 2 a 4 anos e multa.

30. Habilitação Ilegal de Crédito

Artigo 175. Apresentar, em falência, recuperação judicial ou recuperação extrajudicial, relação de créditos, habilitação de créditos ou reclamação falsas, ou juntar a elas título falso ou simulado: Pena – reclusão, de 2 (dois) a 4 (quatro) anos, e multa.

O artigo 175 enquadra um tipo penal correlacionado ao artigo 189, inciso II, da anterior Lei de Falências.

Naquele dispositivo, a tutela penal restringia-se a punir "quem quer que, por si ou interposta pessoa, ou por procurador, apresentar, na falência ou na concordata preventiva, declarações ou reclamações falsas, ou juntar a elas títulos falsos ou simulados".

Na nova lei, amplia-se abrangência do dispositivo, incluindo a relação de créditos ou habilitação de créditos falsos.

Aqui, ao contrário da maioria dos delitos desta Lei, este é um crime de perigo e formal, não sendo necessário um resultado natura-

---

ou gerente da empresa falida, demonstração que caberá à defesa no decorrer da instrução criminal, momento adequado para a dilação probatória e esclarecimentos das questões controvertidas. Eventual inépcia da denúncia só pode ser acolhida quando demonstrada inequívoca deficiência a impedir a compreensão da acusação, em flagrante prejuízo à defesa do acusado, ou na ocorrência de qualquer das falhas apontadas no artigo 43 do CPP, o que não se verificou no caso. Ainda que o delito de formação de quadrilha não seja propriamente falimentar, o seu julgamento compete ao Juízo da Falência, em virtude da conexão, porque evidenciado que a sua prática ocorreu no mesmo contexto em que são cometidos os crimes falimentares. Precedentes desta Corte. O simples fato de se tratar de réu foragido pode obstar a pretendia revogação da prisão processual. A decretação da prisão administrativa do paciente, com base em dispositivo da Lei de Falências, configura constrangimento ilegal, pois tal dispositivo afronta a Constituição da República. Incidência da Súmula n.º 280 do STJ. Recurso parcialmente conhecido e desprovido. Concessão de habeas corpus, de ofício, para revogar a prisão administrativa decretada contra o paciente. (STJ – RHC 200401585090 – (16854 SP) – 5ª T. – Rel. Min. Gilson Dipp – DJU 13.06.2005 – p. 00324)

lístico. O núcleo do tipo é o verbo *apresentar*, bastando para a caracterização do delito.

É, também, uma forma de estelionato a apresentação de relação, habilitação ou reclamação falsa de créditos e, especialmente, a juntada a elas de título falso ou simulado.

A pena é de 2 a 4 anos e multa.

31. Exercício Ilegal de Atividade

> Artigo 176. Exercer atividade para a qual foi inabilitado ou incapacitado por decisão judicial, nos termos desta Lei: Pena – reclusão, de 1 (um) a 4 (quatro) anos, e multa.

Pela primeira vez em matéria falimentar, o delito do artigo 176 guarda estreita semelhança com o tipo do artigo 359 do Código Penal Brasileiro: o delito de desobediência à decisão judicial sobre perda ou suspensão de direito.

O que se veda é o exercício de cargo ou função a que foi proibido por força de condenação por crime falimentar.

32. Violação de Impedimento

> Artigo 177. Adquirir o juiz, o representante do Ministério Público, o administrador judicial, o gestor judicial, o perito, o avaliador, o escrivão, o oficial de justiça ou o leiloeiro, por si ou por interposta pessoa, bens de massa falida ou de devedor em recuperação judicial, ou, em relação a estes, entrar em alguma especulação de lucro, quando tenham atuado nos respectivos processos: Pena – reclusão, de 2 (dois) a 4 (quatro) anos, e multa.

Vimos que a lei expressamente refere aqueles a quem lhes é outorgado o direito de administrar, supervisionar, fiscalizar, julgar, auxiliar a administração da massa falida.

Incorrerão, pois, em tal crime, todos aqueles a quem a lei dá como impedidos por este tipo penal. Somente serão sujeitos ativos do delito aqueles a quem o tipo penal, expressamente, os enumera.

Trata-se de crime especial, exigindo que o agente detenha a qualificação que a lei exige. É, pois, crime próprio.

A tutela penal do artigo 177 alcança a tutela civil que prevê a nulidade do ato jurídico praticado por quem está legalmente proibido para tanto, nos termos do artigo 497 do Código Civil Brasileiro.

O bem jurídico protegido é a moralidade da justiça, para assegurar o desinteresse e a imparcialidade daqueles que estão intimamente ligados ao feito.

Trata-se de crime formal, no qual independe o resultado que dele ocorrer. O simples ato de adquirir já caracteriza o ilícito. Ademais, a duração deste impedimento é indeterminada, pois o tipo veda que se adquiram bens àqueles que tenham atuado nos processos.

A pena é de reclusão de 2 a 4 anos e multa.

33. Omissão dos Documentos Contábeis Obrigatórios

Artigo 178. Deixar de elaborar, escriturar ou autenticar, antes ou depois da sentença que decretar a falência, conceder a recuperação judicial ou homologar o plano de recuperação extrajudicial, os documentos de escrituração contábil obrigatórios: Pena – detenção, de 1 (um) a 2 (dois) anos, e multa, se o fato não constitui crime mais grave.

Trata a espécie de um crime de mera conduta, vale dizer, crime de simples atividade. São crimes que contêm apenas a definição da conduta praticada pelo agente, não alojando, no tipo legal, nenhum resultado naturalístico.

É que o crime de mera conduta se consuma em sua própria ação. Basta, então, para a sua concretude, a omissão da elaboração, escrituração ou autenticação, antes ou depois de a sentença que decretar a falência, conceder a recuperação judicial ou homologar o plano de recuperação extrajudicial, dos documentos de escrituração contábil obrigatórios.

Mas quais os documentos contábeis obrigatórios? A regra da lei falimentar não diz, fazendo com que a lei penal seja destituída de conteúdo complementar.

É que, às vezes, a norma penal, em seu preceito primário apresenta um conteúdo vago, incerto, impreciso e indeterminado. Nessas normas, no conceito primário, em que se define a conduta proibida, o sentido está aberto, impreciso, incerto no seu conteúdo.

Então, é preciso preencher o conteúdo da norma, determiná-la, completá-la com outra norma.

Além de mera conduta, trata-se de norma penal em branco ou lei aberta, ou lei moldura. O exemplo comum e repetitivo é o da moldura sem o quadro: sem a fotografia, a moldura é a lei penal em branco, enquanto a fotografia é a norma complementar.

A norma penal em branco é uma norma incriminadora, dotada de sanção, mas cujo preceito primário necessita ser completado por um outro ato normativo, a fim de que se determine o modelo abstrato do crime nela previsto. A regra geral é que a norma incriminadora, que define o crime, seja perfeita.

Citando Binding conceituava: "A lei penal é um corpo errante que busca a sua alma".[56]

No caso do tipo penal em tela, nota-se a carência da complementação que diga, exatamente, quais os documentos de escrituração contábil obrigatórios.

Para isso, há que buscar em outras legislações para que se complemente o tipo. O livro-diário é obrigatório à luz do artigo 1.180 do

---

[56] SOLER, Sebastian. *Derecho Penal Argentino*, 6ª Reim. Buenos Aires: Tipografica Editora Argentina, 1973, p. 122.

Código Civil Brasileiro,[57] artigo 1.179 da Lei Civil também completa a regra da lei de falência.

Também o Código Comercial engalana a lei penal em branco quando, no seu Capítulo II, trata das obrigações comuns a todos os comerciantes, impondo, no seu artigo 10, aquilo a que todos os comerciantes são obrigados.

O empresário e a sociedade empresária são obrigados a seguir um sistema de contabilidade, mecanizado ou não, com base na escrituração uniforme de seus livros, em correspondência com a documentação respectiva, e a levantar anualmente o balanço patrimonial e o de resultado econômico.

Mas, pune-se sempre a omissão do empresário, quando tem o dever de possuir escrituração contábil, revelando, assim, uma conduta irregular e dolosa.

Isso é uma imposição do direito e um entendimento da lógica, pois não se pode imaginar a atividade de comércio, sem que tenha onde assentar as suas operações contábeis.

Trata-se, portanto, de um tipo penal subsidiário, ficando sujeito à pena de detenção de um a dois anos, e multa, se o fato não constitui crime mais grave.

34. Efeitos da Condenação

Artigo 181. São efeitos da condenação por crime previsto nesta Lei:

I – a inabilitação para o exercício de atividade empresarial;

II – o impedimento para o exercício de cargo ou função em conselho de administração, diretoria ou gerência das sociedades sujeitas a esta Lei;

III – a impossibilidade de gerir empresa por mandato ou por gestão de negócio.

§ 1º Os efeitos de que trata este artigo não são automáticos, devendo ser motivadamente declarados na sentença, e perdurarão até 5 (cinco) anos após a extinção da punibilidade, podendo, contudo, cessar antes pela reabilitação penal.

§ 2º Transitada em julgado a sentença penal condenatória, será notificado o Registro Público de Empresas para que tome as medidas necessárias para impedir novo registro em nome dos inabilitados.

35. Da Competência e Jurisdição

Artigo 183. Compete ao juiz criminal da jurisdição onde tenha sido decretada a falência, concedida a recuperação judicial ou homologado o plano de recuperação extrajudicial, conhecer da ação penal pelos crimes previstos nesta Lei.

---

[57] Artigo 1180. Além dos demais livros exigidos por lei, é indispensável o Diário, que pode ser substituído por fichas no caso de escrituração mecanizada ou eletrônica. Parágrafo único. A adoção de fichas não dispensa o uso de livro apropriado para o lançamento do balanço patrimonial e do de resultado econômico.

Como já se disse, é uma lástima que os delitos falimentares permaneçam sob a jurisdição do juiz criminal do distrito da falência. É entendimento geral que o legislador perdeu uma grande oportunidade de transferir ao próprio juiz da falência a competência de julgar tais delitos.

Se a nova lei tivesse tido coragem de entregar o julgamento da parte penal para o da falência, sem dúvida que a dinâmica seria bem maior, dado que, somente ele, o juiz especializado, poderia entender melhor a natureza e a gravidade do delito.

36. Crime Falimentar é Sempre de Ação Pública

Artigo 184. Os crimes previstos nesta Lei são de ação penal pública incondicionada.

Parágrafo único. Decorrido o prazo a que se refere o artigo 187, § 1º, sem que o representante do Ministério Público ofereça denúncia, qualquer credor habilitado ou o administrador judicial poderá oferecer ação penal privada subsidiária da pública, observado o prazo decadencial de 6 (seis) meses.

Desde a modernização do processo penal, com o Estado tomando a si a função de solucionar os conflitos criminais, o ofendido passou a ocupar uma posição secundária no processo, obrigando-se a aguardar a ação do estado.

Aliás, o Estado não pode e nem deve esperar a iniciativa da vítima para dar início à persecução penal. Basta que haja a fissura em qualquer dos bens jurídicos tutelados pelo próprio estado para que surja a necessidade de uma ação penal pública e incondicionada, mediante denúncia oferecida pelo Ministério Público.[58]

A exceção existe quando o bem atingido pertencer à esfera íntima da vítima. Teremos, então, uma ação penal privada. Caberá a ele, e somente a ele, ofendido, fazer uso do *jus persequendi in judicio*, restando ao Estado apenas o *jus puniendi*. Exemplo: crimes contra a honra.

Quando, entretanto, a conduta lesiva atingir seriamente interesses que, em um primeiro momento, dizem respeito apenas à intimidade da vítima, o Estado a ela se substitui. Estaremos, então, diante de uma ação penal pública. Crimes cometidos contra a honra de funcionário público, sempre que o cometimento diga respeito com a razão do cargo ou função pública.

No direito penal brasileiro, a regra é de que o processo penal se submeta à obrigação do órgão ministerial. Caberá, no crime falimentar – a iniciativa única do Ministério Público – para que, examinado a questão fática e, encontrando a existência em tese de crime típico de

---

[58] CPP, artigo 41. A denúncia ou queixa conterá a exposição do fato criminoso, com todas as suas circunstâncias, a qualificação do acusado ou esclarecimentos pelos quais se possa identificá-lo, a classificação do crime e, quando necessário, o rol das testemunhas.

figura penal falimentar, apresente a denúncia, nos moldes do artigo 41 do Código de Processo Penal.

37. Da Instauração da Ação Penal

Artigo 185. Recebida a denúncia ou a queixa, observar-se-á o rito previsto nos – Código de Processo Penal.

Oferecida a denúncia, com a exposição do fato criminoso, com todas as suas circunstâncias, tais como, a qualificação do acusado ou esclarecimentos pelos quais se possa identificá-lo, a classificação do crime e, quando necessário, o rol das testemunhas, os autos irão ao juiz.

A instauração da ação penal se dá com o simples ato de conhecimento pelo juiz competente. Deve haver um exame onde, de forma sucinta, examinará a vestibular, fixando-se em alguns elementos autorizadores para o recebimento, que são:

a) se o fato se constitui em delito em tese;

b) se há indícios da autoria e prova da materialidade delitiva;

c) se a denúncia é apta pela presença da justa causa para o seu recebimento.

Não se fazendo presente tais elementos essenciais, não há falar em seu recebimento, tornando-se a denúncia inepta para o seu recebimento e a conseqüente instauração da ação penal.[59]

38. Das Formalidades Processuais

Artigo 186. No relatório previsto na alínea e do inciso III do *caput* do artigo 22 desta Lei, o administrador judicial apresentará ao juiz da falência exposição circunstanciada, considerando as causas da falência, o procedimento do devedor, antes e depois da sentença, e outras informações detalhadas a respeito da conduta do devedor e de outros responsáveis, se houver, por atos que possam constituir crime relacionado com a recuperação judicial ou com a falência, ou outro delito conexo a estes.

Parágrafo único. A exposição circunstanciada será instruída com laudo do contador encarregado do exame da escrituração do devedor.

Artigo 187. Intimado da sentença que decreta a falência ou concede a recuperação judicial, o Ministério Público, verificando a ocorrência de qualquer crime previsto nesta Lei, promoverá

---

[59] HABEAS CORPUS – DIREITO PROCESSUAL PENAL – TRANCAMENTO DA AÇÃO PENAL – INÉPCIA DA DENÚNCIA – OCORRÊNCIA – 1. A denúncia, à luz do disposto no artigo 41 do Código de Processo Penal, deve conter a descrição do fato criminoso, com todas as suas circunstâncias, a definição da conduta do autor, sua qualificação ou esclarecimentos capazes de identificá-lo, bem como, quando necessário, o rol testemunhas. 2. Não se ajusta a seu estatuto de validade (Código de Processo Penal, artigo 41), a denúncia oferecida exclusivamente com base em relatório fiscal e em contrato social, induvidosamente insuficientes para a imputação de fato-crime a quem quer que seja, não se constituindo a ação penal em esdrúxula forma de cobrança de débito fiscal, como se a pena criminal pudesse transvestir-se em medida coercitiva. 3. Ordem concedida. (STJ – HC 200300601338 – 28002 PE – 6ª T. – Rel. Min. Hamilton Carvalhido – DJU 20.06.2005 – p. 00379).

imediatamente a competente ação penal ou, se entender necessário, requisitará a abertura de inquérito policial.

§ 1º O prazo para oferecimento da denúncia regula-se pelo artigo 46 do Decreto-Lei nº 3.689, de 3 de outubro de 1941 – Código de Processo Penal, salvo se o Ministério Público, estando o réu solto ou afiançado, decidir aguardar a apresentação da exposição circunstanciada de que trata o artigo 186 desta Lei, devendo, em seguida, oferecer a denúncia em 15 (quinze) dias.[60]

§ 2º Em qualquer fase processual, surgindo indícios da prática dos crimes previstos nesta Lei, o juiz da falência ou da recuperação judicial ou da recuperação extrajudicial cientificará o Ministério Público.

Artigo 188. Aplicam-se subsidiariamente as disposições do Código de Processo Penal, no que não forem incompatíveis com esta Lei.

---

[60] CPP, artigo 46. O prazo para o oferecimento da denúncia, estando o réu preso, será de 5 (cinco) dias, contado da data em que o órgão do Ministério Público receber os autos do inquérito policial, e de 15 (quinze) dias, se o réu estiver solto ou afiançado. No último caso, se houver devolução do inquérito à autoridade policial (artigo 16), contar-se-á o prazo da data em que o órgão do Ministério Público receber novamente os autos.

Anexo

Organograma do Processo de Recuperação

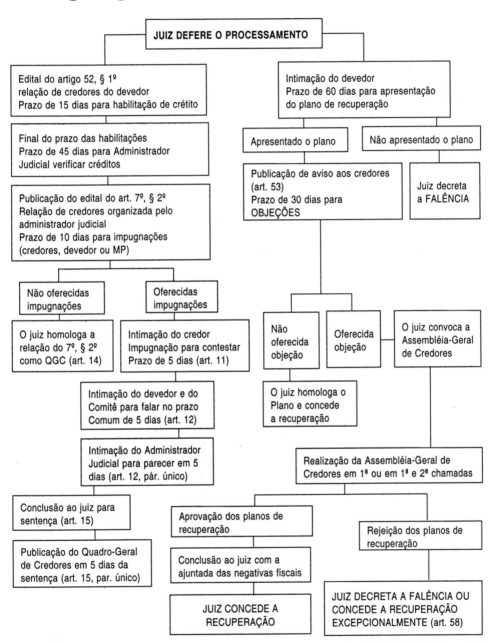

RECUPERAÇÃO EMPRESARIAL
Nova Lei de Falências e Novo Direito Penal Falimentar

Anexo

Bibliografia

ALMEIDA, Amador Paes de. *Curso de Falência e Concordata*. 8ª ed. São Paulo: Saraiva, 1988.

BATALHA, Wilson de Souza Campos. *Falências e Concordatas - Comentários à Lei de Falências: Doutrina, Legislação e Jurisprudência*. São Paulo: LTr.

BOITEUX, Fernando. *Responsabilidade civil do acionista controlador e da sociedade controloda*. Rio de Janeiro: Forense, 1998.

CANOTILHO, José Joaquim Gomes. *Direito Constitucional e Teoria da Constituição*. 3ª ed. Coimbra: Almedina, 1999.

CANTO, Jorge Luiz Lopes do. *Entre o Público e o Privado - A regulação dos juros bancários e sua aplicação*. Porto Alegre: Livraria do Advogado, 2003.

CAVALCANTI, Fernando Geraldo Mendes. *Contrato de Câmbio de Exportação em Juízo*. São Paulo: Renovar, 1989.

CERNICCHIARO, Luiz Vicente. Pena – Tentativa – Teoria Geral do Tipo – Configuração Jurídica. In: *Revista de Jurisprudencia* nº 239 - set/1997, p. 26.

COELHO, Fábio Ulhoa. *Comentários à nova Lei de Falências e de Recuperação de Empresas*. São Paulo: Saraiva, 2005.

CONSELHO REGIONAL DE CONTABILIDADE DO RIO GRANDE DO SUL. *O CRC e a Legislação Profissional Contábil*. Porto Alegre: CRCRS, 1996.

FABRETI, Láudio Camargo. *Fusões, aquisições, participações e outros instrumentos de gestão de negócios*. São Paulo: Atlas, 2005.

FARIA, Weter Rotunno. *Liquidação extrajudicial. Intervenção e responsabilidade civil dos administradores das instituições financeiras*. Porto Alegre: Sergio Antonio Fabris, 1985.

FERRAZ, Esther de Figueiredo. *A co-delinqüência no Direito brasileiro*. São Paulo: Bushatsky, 1976.

FERREIRA, Waldemar Martins. *Instituições de Direito Comercial. A Falência*. Vol. V. 4ª ed. São Paulo: Max Limonad, 1955.

FRAGOSO, Heleno Cláudio. *Lições de Direito Penal. Parte Geral*. 4ª ed. Rio de Janeiro: Forense, 1980.

FREITAS, Juarez. *A substancial inconstitucionalidade da lei injusta*. Porto Alegre: Vozes, Edipuc, 1989.

FRITSCH, Herbert Jorge. *Cisão nas Limitadas*. 2ª ed. Porto Alegre: Livraria do Advogado, 1995.

FÜHRER, Maximilianus Cláudio Américo. *Roteiro das Falências e Concordatas*. 15ª ed. São Paulo: RT, 1998.

LACERDA, José Candido Sampaio de. *Manual de Direito Falimentar*. 12ª ed. São Paulo: Freitas Bastos, 1985.

MIRABETE, Julio Fabbrini. Pena – Tentativa – Teoria Geral do Tipo – Configuração Jurídica. In: *Revista de Jurisprudencia* nº 239 - set/1997.

NEGRÃO, Ricardo. *Aspectos objetivos da Lei de Recuperação de Empresas e de Falências.* São Paulo: Saraiva, 2005.

REQUIÃO, Rubens. *Curso de Direito Falimentar.* 16ª ed. São Paulo: Saraiva, 1995.

SOLER, Sebastián. *Derecho Penal Argentino.* 6ª reim. Buenos Aires: Tipografia Editora Argentina, 1997, p. 122.

TEIXEIRA, Egberto Lacerda. *Sociedades Limitadas e Anônimas no Direito Brasileiro – Estudo Comparativo.* São Paulo: Saraiva, 1987.

TOLEDO, Francisco de Assis. *Princípios Básicos de Direito Penal.* 5ª ed. São Paulo: Saraiva, 1994.

VIGIL NETO, Luis Inácio. Reflexões sobre o sistema falimentar. In: *Revista de Jurisprudência* nº 241, nov./ 1997, p. 34-49.

WEINMANN, Amadeu de Almeida. *Princípios de Direito Penal.* Rio de Janeiro: Estácio de Sá, 2004.

XAVIER, Derly Garcia. *Laudo pericial da Falência de Pilot, Indústria e Comércio de Calçados Ltda.* Disponível em www.planejaerecupera.com.br/acompanhamentoprocessual/pilot.

Impressão:
Editora Evangraf
Rua Waldomiro Schapke, 77 - P. Alegre, RS
Fone: (51) 3336.2466 - Fax: (51) 3336.0422
E-mail: evangraf@terra.com.br